다시, 개천에서 용 나게 하라

다시, 개천에서 용나게 하라

오치규 지음

미래는
자신의 꿈이 아름답다고
믿는 자들의 것이다.

– 엘레나 루스벨트

머리글

 우리 민족은 '교육을 통한 상승에의 열망'이라는 독특한 동력을 바탕으로 역사를 변화, 발전시켜왔다. 이 책은 '교육을 통한 상승에의 열망'과 그것을 뒷받침하는 제도를 통해 가난한 개천에서도 열심히 노력하면 '용'이 날 수 있었던 좋은 교육전통을 돌아본다. 그리고 교육에서의 빈부격차가 극대화되면서 그 전통이 사라지고 있는 현재의 위기상황을 교육현장에서의 오랜 경험으로 이해하고, 비판하며, 올바른 교육 방향을 모색하기 위해 쓰여졌다.

 우리는 식민지와 전쟁의 폐허를 딛고 세계가 놀랄 만한 위대한 발전을 이룩해냈다. 이런 발전은 우리 민족이 그 어떤 민족도 가지지 못한 강렬한 '교육을 통한 상승에의 열망'과 그것을 실현할 수 있는 좋은 제도를 가지고 있었기 때문이다. 그러나 지금은 근본도 없고 혼란만 주는 교육정책 때문에 그 열망과 제도가 모두 사라질 위기에 처해 있다.

학생, 학부모, 교사, 강사, 교육정책 담당자, 정치인 모두 교육문제에 대해 혼란스러워하고 갈피를 잡지 못하고 있다. 공교육 붕괴는 이제 흔한 말이 되었고 학원, 온라인 학습, 입시컨설팅 등 사교육 전문가들의 도움 없이 입시를 준비하는 것은 불가능한 일이 되어버렸다. 교육과 관련된 대다수의 사람들이 교육의 방향에 대해 갈피를 잡지 못하고, 학생 혼자 힘으로 열심히 공부해서 좋은 대학에 진학하는 일이 더 이상 불가능해진 상황이라면 이는 분명 '위기상황'이다.

사교육에 의존하지 않고 학생 혼자 공부해 상승의 계단을 한 계단씩 오를 수 없는 입시제도라면, 학부모들이 자녀가 학교에서 무엇을 배우는지 어떻게 준비를 하면 대학에 진학할 수 있는지 도무지 알기 힘든 상황이라면, 학교에서는 입시에 필수적인 과목을 가르치지 않고 학생들은 학원을 다녀야만 하는 현실이라면, 너무나 복잡한 입시제도 탓에 학교에서 진학지도에 손을 놓고 있는 상황이라면, 더 좋은 교육을 위해 시골에서 도시로, 지방도시에서 서울로, 서울에서도 목동 대치동 압구정동으로 삶의 터전마저 바꿔야 하는 상황이라면, 높은 사교육비 때문에 중산층이 몰락하는 현실이라면 이는 더 이상 교육 자체만의 위기가 아니라 우리 사회 전반의 위기라고 해도 과언이 아닐 것이다.

이 책은 이런 혼란과 위기의 상황에서 오늘날 놀라운 발전을 이룩한 원동력이 된 우리의 위대한 교육전통을 살펴보고, 교육에서의 혼란과 위기의 원인을 찾아본 후, 이런 위기를 극복하기 위해 우리가 해야 할 일은 무엇인지에 대해 이야기하고 있다.

자녀교육에 관심이 많은 학부모들이나 더 좋은 교육을 위해 애쓰고 있는 선생님들이 이 책을 읽는다면 학생들이 지금 어떤 제도적 맥락과 상황, 배경 속에서 공부를 하고 있으며 어떻게 준비하는 것이 좋을지에 대한 구체적인 지식을 얻을 수 있을 것이다.

교육정책과 관련된 분들이 이 책을 읽는다면 교육정책과 제도가 실제 현장에서 어떤 의미로 해석되고 적용되는지에 대한 이해를 구할 수 있을 것이다. 또한 사교육비를 줄이고 공교육을 살릴 수 있는 정책에 대한 실마리를 얻을 수 있을 것이다. 교육현장에 있는 분들에게는 전체적이고 거시적인 맥락에 대한 이해를, 현장을 떠나 있는 분들에게는 현장의 생생한 분위기를 전달해줄 수 있을 것이라 믿는다.

 이 책은 2010년 11월 경희대학교에서 열린 한국정치평론학회 심포지엄에서 발표한 논문 「현장에서 본 한국 교육제도의 문제점」을 기초로 하고 있다. 유수한 정치학자들의 모임인 정치평론학회는 교육이론가도 전문가도 아닌 일개 강사인 나에게 현장을 중심으로 교육정책, 입시제도의 문제점을 이야기할 기회를 주었다. 그날 우리는 한국 교육의 문제점들에 대해 늦은 시각까지 함께 의견을 나누며 분개했다. 그때 많은 선생님들은 왜 이렇게 중요한 문제가 공론장에서 더 적극적으로 제기되고 토론되지 않는지에 대해 안타까워했다.

 나는 교육이론을 수립해 학위를 받은 전문적인 교육이론가나 학자는 아니다. 그래서 이 책은 현실을 보는 어떤 이론적 틀을 갖고 있지는 않다. 이 책은 그저 '교육현장'을 바탕으로 하고 있다. 나는 지난 20여 년간 교육정책과 입시제도에 직접적인 영향을 받는 수험생들과 하루도 빠짐없이 함께 공부하며 좋은 성적을 내기 위해 노력해왔다. 이 책은 전쟁터와 같은 입시현장에서 학생들과 함께 온몸으로 싸워온 경험을 기초하고 있다. 그렇기에 '전략서'라기보다는 어느 '야전지휘관의 기록'이라고 할 수 있을 것이다.

야전지휘관은 입시라는 전쟁에서 공부의 의미를 제대로 알지 못하는 학생들의 무지와 싸워야 한다. 순간적인 즐거움에 빠져 먼 미래를 내다보지 못하는 학생들의 저급한 욕망과 싸워야 하고, 제대로 알지 못하면서 이리저리 휘둘리는 부모들의 변덕과도 싸워야 한다. 그런데 문제는 교육정책, 입시제도와도 싸움을 해야 한다는 것이다.

내가 학생들과 함께 힘겨운 싸움을 해온 20여 년 동안 수없이 변한 교육정책, 입시제도는 학생들의 싸움에 도움이나 지침을 주기보다 오히려 그것 자체가 넘어야 할 하나의 고지가 되었다. 비유컨대, 야전에서 총알을 가져다달라고 하면 본부에서는 생수를 가져다주고, 전투병을 보내달라고 하면 간호병을 보내는 형국이 지금의 교육정책, 입시제도이다. 교육현장에서 하루하루 힘들게 공부하는 학생과 선생님, 학부모들의 어려움을 반영해 문제를 해결해주기는커녕 오히려 더 힘들게 만들어 사교육에 의존할 수밖에 없도록 하는 것이 지금의 교육정책, 입시제도이다.

한 가지만 잘하면 대학에 갈 수 있다며 다양한 입시전형을 만들어 혼란을 일으키고 고등학교 교육을 황폐화시킨 김대중 전 대통령, 경쟁을 없애겠다며 등급제를 만들어 오히려 사교육비를 증가시킨 노무현 전 대통령의 정책 실패로 우리 교육은 이미 파탄 직전에 놓여 있었다. 그런데 이런 정책 실패에서 어떠한 교훈도 얻지 못한 이명박 정부는 공적인 교육에 사교육을 끌어들이고, 국가영어능력평가시험을 도입해 영어교육 광풍을 조장하고, 입학사정관제를 도입해 교육현장을 더욱 혼란에 빠뜨리고 있다.

이런 혼란스러운 과정을 지켜보며 분노하게 되었고, 내가 비록 교육정책 담당자나 교육학자는 아니지만 누구보다 오랜 시간 학생들과 함께 현장에서 공부해온 사람으로서 입을 다물고 있을 수만은 없다는 생각에 용기를 내어 교육정책의 문제점들을 적어 내려갔다. 이 책은 그런 '분노'와 '용기'의 분출이라 할 수 있다.

이 책의 1부에서는 '개천에서 용이 난' 우리 교육의 역사와 현재의 의미를 다루고 있다. 2부에서는 그런 좋은 교육전통이 무너지고 이제 더 이상 '개천에서 용이 날 수 없는', '강남에서만 용이 나는' 상황에 이르게 한 잘못된 교육정책들을 다루고 있다. 마지막

3부에서는 다시 개천에서 용이 나려면 어떤 방향으로 교육을 해야 하는가에 대한 내용을 실었다.

이 책의 출간이 허락된 것은 아마도 문제의 심각성과 절박함 때문일 것이다. 오늘날 우리나라에서 교육정책의 문제야말로 가장 심각하고 절박하게 이해와 방향 설정을 요구하는 문제이다. 수많은 대책들이 등장하지만 사교육비는 날로 증가하고 있으며 교육현장에서의 혼란은 가중되고 있고 학생과 학부모들의 고통은 깊어만 간다. 이런 상황에서 이 책이 혼란한 교육정책의 배경과 의미를 잘 이해하고, 올바른 교육의 방향을 수립하는 데 작은 실마리의 역할이나마 하기를 바란다.

어떤 학생이든 전문가의 도움을 받지 않고도 스스로의 노력을 통해 상승의 계단을 한 계단씩 오를 수 있는 입시제도를 만들고, 비록 사회적인 빈부격차는 어쩔 수 없다 하더라도 교육에서만큼은 양극화가 사라져 희망과 활력이 넘치는 사회가 되도록 하는 교육제도를 만드는 데 미력하나마 일조할 수 있다면 더 바랄 것이 없겠다.

우리의 놀라운 발전의 원동력이 된 '교육을 통한 상승에의 열망'과 그것을 가능하게 한 좋은 제도들이 교육현장을 제대로 알지 못하는 교육 전문가들의 탁상공론으로 사라져가고, 교육에서마저 '빈익빈부익부 현상'이 벌어지고 있다면 이 얼마나 안타까운 일인가? 교육으로 일어선 대한민국이 교육에 발목 잡혀 쓰러지는 일만큼은 우리 모두 힘을 모아 막아야 한다.

출판사에는 미안하지만, 교육정책에 대한 이런 해설서가 더 이상 필요하지 않을 날을 나는 기대하고 있다. 그런 의미에서 이 책이 많이 읽히고 이 책에 담긴 정책의 방향이 실제 교육정책에 많이 반영될수록 이 책은 존재가치를 잃어만 갈 것이다. 이런 식의 소멸이라면 내가 쓴 책이 완전히 사라져버리더라도 나는 결코 서운하지 않을 것이다.

그런 날이 오기 위해서는 우리 모두가 교육정책에 대해 '각성된 시민'이 되어 우리의 요구와 무관하게 변화해가는 교육정책을 주시하고 토론하고 비판해야 한다. 이제 초등학생인 내 딸 서윤이와 아들 서현이가 대학에 갈 즈음에는 그런 날이 꼭 오기를 기대하며 이 책이 혼란스러운 교육정책, 입시제도의 진흙탕 속에서 아름다운 연꽃을 피우는 밑거름이 되기를 희망해본다.

이 책이 세상에 나오도록 해준 위즈덤하우스의 연준혁 대표, 꼼꼼히 읽고 방향을 잡아준 신미경 기획위원에게 감사드린다. 부족한 남편을 늘 이해해준 아내 박승현과 든든하게 뒷받침을 해주신 장인 장모님, 항상 팬이 되어준 지현, 보현 두 처제와 허정욱 박사, 조성민 변호사 그리고 아버지의 유업을 이어 교육에 힘쓰고 있는 형 오인규 교장선생님과 청송의 가족들, 가까이에서 도움과 충고를 아끼지 않은 많은 친구들에게 감사한다. 그리고 이 자리를 빌려 많은 가르침에 대한 감사의 마음과 그 배움을 제대로 소화하지 못한 죄스러운 마음을 은사이신 정치철학자 김홍우 교수님께 전하고 싶다.

CONTENTS

머리글 • 5

입시가 쉬워져야 교육이 산다

이제 '용'은 강남에서만 난다 • 19
역사에서 발견한 교육을 통한 상승에의 열망 • 33
지나친 교육열? 우리의 자랑이다 • 42
시험에 대한 평가절하? 거부한다! • 50
평가는 단순하게, 제도는 쉽게 • 60

사교육 조장하는 나라

교육정책, 돌팔이 의사가 내린 처방 • 73
교과부는 '사교육부'인가? • 83
경쟁 없는 세상을 꿈꾸라니? • 99
교과과정 개편, 한마디로 사기다 • 113
과잉 영어교육, 이게 최선인가? • 121
바보야, 수학은 '응용'이 아니라 '기본'이야! • 131
어려운 시험, 누구를 위한 것인가? • 139
빈번한 입시개혁, 그대로 멈춰라! • 150
대한민국 맹모삼천지교, 강남으로 가라? • 158

다시, 개천에서 용나게 하라!

복잡한 입시제도, 무엇을 해야 하나? • 173

공부를 잘하려면 좋은 태도가 우선이다 • 184

사교육 '과의' 전쟁이 아니라 공교육 '에서의' 전쟁이 필요하다 • 192

전인교육! 유일무이한 대안 • 201

교육현장으로 내려가는 '하방운동'을 시작하자 • 210

정치철학자 달마이어가 우리 교육에 충고한다 • 221

개천에서 용나게 하는 7가지 방법 • 230

CHAPTER 01

입시가 쉬워져야 교육이 산다

이제 '용'은 강남에서만 난다

위키백과는 전쟁의 폐허를 딛고 세계 선진국 반열에 우뚝 선 우리의 기적을 지칭하는 '한강의 기적'에 대한 설명을 이렇게 시작하고 있다.

> 한국은 GDP로 1953년의 13억 달러에서 2007년 1조 달러로 성장하여 770배나 성장했으며, 1948년 2,300만 달러에 불과했던 수출 규모를 2008년 3,720억 달러로 성장시켜 16,000배나 성장했다(『위키백과』, 2010년 4월 4일 판).

이러한 눈부신 발전의 원인은 무엇이었을까? 나는 그것을 '교육을 통한 상승에의 열망'이라고 정의내리고 싶다. 우리는 오랜 역사

동안 '교육을 통한 상승에의 열망'을 품고 있었고, 그것을 실현할 수 있는 구체적인 '시험제도'를 가지고 있었다. 신분제 사회였던 조선에서부터 시작된 '열망'과 그것을 구현할 수 있게 해준 '시험제도'는 일제시대와 근대화기를 거쳐 오늘에까지 이어지고 있다. 우리 사회를 활력 있는 사회로 만들고 눈부신 성장을 이루게 해준 것은 바로 이러한 열망과 제도이다.

따라서 나는 이 책을 통해 그러한 열망과 제도를 복원시키는 프로젝트를 시작할 예정이다. '교육을 통한 상승에의 열망'을 품고 이를 악물고 노력한다면 누구나 '개천의 용'이 될 수 있던 시대. 그 시대로 돌아가는 것만이 교육난국을 해결할 수 있는 유일한 대안이기 때문이다.

이 책을 읽는 분들이라면 대학입시나 고시에서 수석을 차지한 자녀를 힘겨운 노동으로 묵묵히 뒷바라지한 부모님의 이야기를 텔레비전이나 신문에서 접하고 감동을 받은 기억이 있을 것이다. 가난을 딛고 성공한 사례는 우리 주변에 수없이 많이 존재한다. 우리가 하루하루 힘겹게 노력하며 견뎌낼 수 있는 것도 우리의 자녀도 그런 성공을 할 수 있다는 기대 때문이다. 부모들은 생업의 현장에서 열심히 일해 자녀를 뒷바라지하고, 자녀는 스스로 열심히 공부해 좋은 성적을 내고 좋은 대학에 진학해 원하는 직업을 가질 수 있는 세상이라면 정말 살 만한 세상이다.

그렇다면 현재 대한민국은 그러한 세상인가?

이 물음에 "그렇다"고 자신 있게 대답할 수 있는 사람은 별로 없을 것이다.

2011년 대한민국은 '교육을 통한 상승'이 아닌 '교육을 통한 수평이동', '경제력에 비례한 상승과 하강'이 버젓이 일어나고 있는 세상이다. 교육의 힘으로 용이 된 대한민국이 바로 그 교육에 발목이 잡혀 미꾸라지로 전락하게 된 것이 지금의 현실이다. 현재 교육의 실상을 자세히 들여다보면 이러한 염려가 결코 지나친 것이 아님을 알 수 있다.

2010년 2월 23일 통계청에서 발표한 사교육비 실태조사에 따르면, 2009년 초·중·고 학생 사교육비 총액은 21조 6천억 원으로 전년대비 3.4퍼센트 증가했다. 학생 1인당 월평균 사교육비는 24만 2천 원으로 전년대비 3.9퍼센트 증가했으며, 사교육 참여 학생의 1인당 월평균 사교육비는 32만 3천 원에 달했다. 사교육 참여율은 75.0퍼센트로 전년대비 0.1퍼센트포인트 감소했다고 하지만 학생과 학교가 비용을 분담하는 방과후학교 참여율은 51.3퍼센트로 전년대비 6.2퍼센트포인트 증가했다.

방과후교육은 사교육비 산정에서 제외했으므로 사교육비가 감소했다는 정부의 발표는 왜곡된 것이며, 오히려 사교육의 종류가 다양해졌고 사교육이 공교육의 영역에까지 침범해 들어갔다고 말할 수밖에 없는 상황이다.

국내 연구기관들은 사교육비 규모로 더 높은 수치를 제시하고 있다. 통계에 잡히지 않는 음성적인 사교육 규모가 무시하지 못할 수준이기 때문이다. 현대경제연구원은 2007년 발표한 자료에서 통계에 잡히지 않는 지하경제를 약 14조 7천억 원으로, 전체 사교육비 규모를 48조 2천억 원으로 추산했다. 그뿐인가. 대부분의 사설 연구기관들은 사교육비의 규모를 거의 50조로 잡고 있다. 2004년 경제협력개발기구(OECD)의 조사에 따르더라도 우리나라의 사교육비 비중은 전체 회원국 중 당당히 1위를 차지하고 있다.

굳이 이런 수치를 제시하지 않더라도 가계에서 차지하는 사교육비의 비중이 지나치게 높다는 것은 우리 모두가 피부로 느끼고 있는 현실이다.

현대경제연구원의 발표에 따르면, 2007년 우리나라 가정은 월 소득의 19.2퍼센트를 사교육비로 지출했다. 가구당 월평균 사교육비는 64만 6천 원, 자녀 1인당 사교육비는 38만 1천7백 원 정도였다. 또한 우리나라 전체 사교육 시장의 총규모는 국내총생산(GDP)의 3.95퍼센트에 해당하는 33조 5천억 원으로 추정되어 정부의 전체 교육예산인 31조 원보다 많은 것으로 나타났다.

이 연구 보고서의 제목은 「사교육-노후 불안의 주된 원인」이었다. 이 보고서는 지나치게 높은 사교육비에 대한 부담으로 상당수 가구가 노후 대책을 제대로 마련하지 못하는 것으로 발표했다. 사교육비 때문에 포기하고 있는 지출 항목이 무엇인가를 묻는 질문에서 조사 대상자의 57.2퍼센트가 노후 대비를 가장 많이 꼽았기 때문이다. 심지어 자녀의 사교육비를 충당하기 위해 부업을 하는 가구도 26퍼센트에 달하는 것으로 추정된다.

2008년 통계청이 발표한 '연간 가계수지동향'을 바탕으로 그래프를 그려보면 오른쪽의 그래프가 나온다.

이 그래프들을 보고 있으면 가슴이 답답하고 화가 날 따름이다. 매년 사교육비의 증가로 인해 교육비 지출이 꾸준하게 증가하고

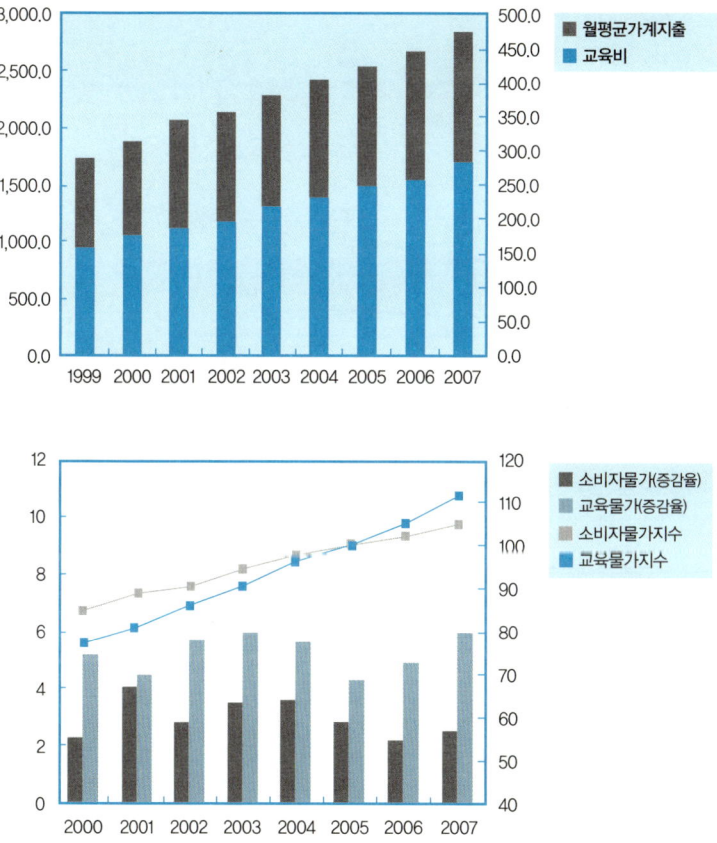

있고, 소비자물가지수보다 교육과 관련된 품목에 대한 물가지수인 교육물가지수가 더 가파르게 증가하고 있기 때문이다. 가계에서 교육비가 차지하는 비중이 늘어나고 그 증가율도 커져 우리의 삶은 날로 힘들어지고 있다.

다음 페이지의 그래프를 보면 서민을 위한다는 정부에서도 사교육비의 빈부격차가 나날이 확대되었음을 알 수 있다.

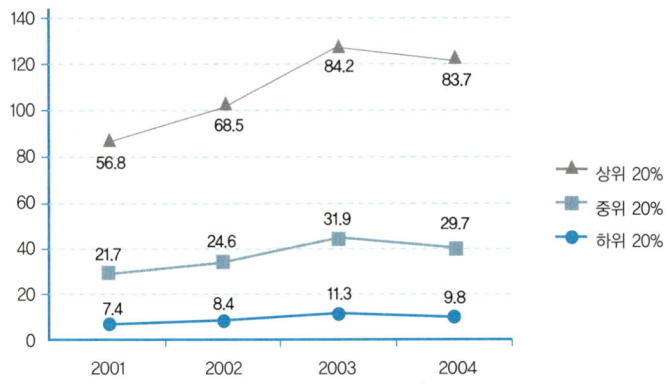

상위 20퍼센트와 하위 20퍼센트의 사교육비 격차 (단위 만 원)
(자료: 양정호, 「한국의 사교육비 격차 추세에 관한 연구」, 교육재정경제연구 제15권 제2호, 2006)

    돈을 많이 버는 사람들이 사교육비에 돈을 많이 쓰는 것이 무슨 문제가 될 수 있겠냐고 반문할지도 모른다. 하지만 다음의 이야기를 들으면 누구든 화가 치밀어 오를 것이다.

    2005년 교육부와 한국교육개발원의 자사고 시범운영 평가보고서에 따르면 6개 자사고의 학부모 월평균 소득은 537만 원으로 2005년 1/4분기 도시근로자 평균 월소득(329만 원)의 1.6배에 달한다. 해운대고는 587만 원, 상산고는 586만 원, 최고의 자사고로 간주되는 민사고는 평균 687만 원에 달한다. 서민들이 이런 수치를 본다면 얼마나 분통이 터질 것인가? 600만 원이 넘는 월급을 받지 못하면 좋은 고등학교에 자녀를 보내기 힘든 사회는 결코 '공정사회'가 아니다. 이것은 개천에서 용이 못 나는 상황 정도가 아니라 '용궁에서 용이 나는 상황'이다.

용궁에서 용이 나는 상황은 고등학교 입시뿐만 아니라 대학입시에서도 여실히 나타난다. 다음의 통계 그래프를 한번 보자.

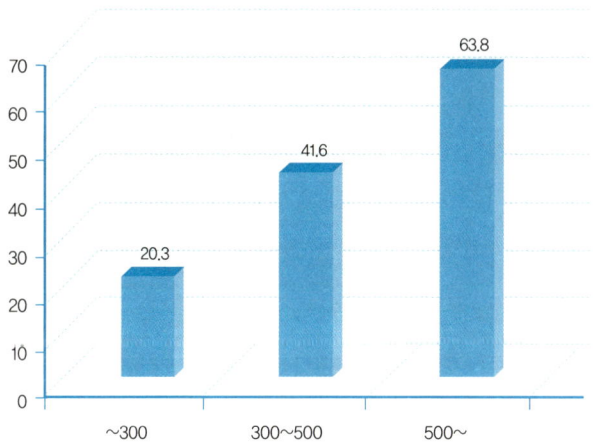

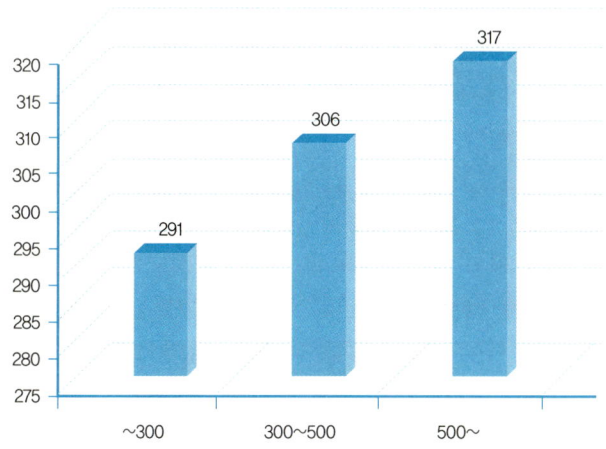

(자료: 김경근, 「한국사회 교육격차의 실태 및 결정요인」, 한국교육사회학연구 제15권 제3호, 2005)

이 그래프는 소득이 높을수록 사교육비에 더 많은 돈을 지출하고 있으며 그것은 그대로 수능에서의 점수 차로 이어진다는 것을 보여준다. 월소득이 300만 원 이하면 수능 평균점수 291점, 300만 원에서 500만 원이면 306점, 500만 원 이상이면 317점이다. 즉, 자녀를 좋은 대학에 보내기 위해서는 우선 돈을 많이 벌어야 한다는 이야기이다.

가계에서 교육비가 차지하는 비중이 계속 커지고 있고 그것이 그대로 자녀의 성적으로 이어지고 있다는 것은 이제 교육이 '애들 싸움'이 아니라 '어른 싸움'으로 번져가고 있다는 말이다. 운동회에서 아이들끼리 달리기를 하면 안타까운 마음으로 그저 바라보는 것 외에 어른들이 할 일은 없다. 하지만 지금의 입시는 '애들끼리' 하는 달리기가 아니다. 부모의 자동차 등급과 성능이 성패를 좌우하는 '자동차 경주'가 되었고, '애들 싸움이 어른 싸움으로 번진' 형국이 되었다.

부잣집의 자녀들이 더 좋은 고등학교, 대학교에 진학하고 좋은 직업을 갖고 부모의 부와 권력을 그대로 세습하고, 상대적으로 부유하지 못한 가정의 자녀들은 '넘을 수 없는 4차원의 벽'에 가로막혀 좋은 학교와 직업에 접근하기도 힘든 교육제도, 입시제도라면 그것을 정의라고 말할 수는 없다.

교육에서의 '양극화', '빈익빈부익부'가 심화되고, 사교육비가 폭발적으로 증가하여 서민들의 삶이 힘들어지고 중산층이 몰락하고, 대학 가는 길이 미로 찾기보다 더 어려워져 부모의 경제력에 따른 정보력에 대학입시가 좌우되고, 더 많은 교육정보를 위해 목동이나 대치동 등의 교육특구로 이사를 가야 하고, 그래서 이제는 부동산에서도 계급이 생겨버린 상황이 지금 우리가 마주하고 있는 대한민국의 교육현실이다.

이렇게 아비규환을 방불케 하는 교육현실이 학부모들의 지나친 교육열 때문이라고 말하는 교육 전문가들이 많다. 그러나 자녀를 잘 교육해 좋은 사람으로 만들고 좋은 직업을 갖도록 하고 싶은 욕망은 어느 시대 어느 장소에나 존재하는 보편적인 욕망이다. 오늘날 갑자기 생겨난 욕망이 아니다.

이런 상황을 만든 장본인은 학생도 학부모도 학교나 학원도 아니다. 바로 교육현장을 제대로 이해하지 못한 채 복잡하고 어려운 교육정책을 끊임없이 만들어내는 교육당국 전문가들이다. 그들이 만들어내는 복잡하고 어려운 교육정책들 탓에 오늘날 자녀를 잘 교육하고픈 '열망'을 지닌 학부모들이 할 수 있는 일이라고는 아이를 학원에 보내는 것밖에는 없다.

생업에 종사하는 학부모가 자고 일어나면 바뀌어 있는 교육정책, 입시제도를 따라가는 것은 불가능하다. 2010년 대입전형 방법은 3천6백여 개나 된다. 이렇게 많은 대입전형을 일반 학부모들이 스스로 공부해서 자녀에게 조언을 하는 것은 불가능한 일이다.

매번 바뀌는 교과과정이 무엇인지 알 수도 없고, 배우는 과목이 무엇인지, 어떤 과목이 시험에 출제되는지, 무슨 내용이 출제되는지 제대로 알기 힘드니 가장 기본적인 지도조차 어려운 상황이 되었다. 수시모집을 위한 논술이나 면접, 적성평가는 학교에서도 지도해주지 않는다. 특정 과목에서 실력이 낮더라도 붙잡고 가르쳐

주는 학교 선생님도 없다. 이런 상황에서 우리가 의존할 수 있는 것은 사교육밖에 없다.

2001년에서 2004년까지 상위 20퍼센트와 하위 20퍼센트 사이의 사교육비 지출 격차가 7.6배에서 8.6배로 벌어졌고, 2000년 1만 1천여 개였던 입시학원의 수가 2007년 2만 9천여 개로 2.5배 이상 증가한 통계가 이를 잘 말해주고 있다. 물론 정부와 교육정책자들이 이런 결론을 의도한 것은 아니다. 분명 공교육을 살리고, 사교육비를 줄이고, 교육의 양극화를 해소하기 위한 교육정책을 펼쳤을 것이다. 하지만 현실은 그와 정반대로 흘러가고 있다. 그 이유는 현장을 제대로 알지 못하는 정책 담당자들이 잘못된 정책 수단을 선택했기 때문이다.

정부에서 새로운 교육정책을 내놓을 때마다 사교육 관계자들은 흐뭇한 웃음을 짓는다. 내놓는 정책들마다 교육현장에 혼란을 가중시키고 사교육 시장에 새로운 활력을 불어넣기 때문이다. 그들이 정책을 만드는 과정에서 학교를 방문해 학생, 교사, 학부모들의 의견을 듣고 사교육 관계자들에게 자문을 구했더라면 상황이 이 지경까지 이르지는 않았을 것이다. 그들의 탁상공론이 '개천에서 용나는' 우리의 위대한 교육전통을 사라지게 만들었다.

단적인 예를 들어보자. 정부는 영어 사교육비를 줄이기 위해 2013년부터 '국가영어능력평가시험(NEAT)'을 도입해 2016년부터 수능 영어를 대체하기로 했다. 2008년 12월, 당시 안병만 교과부 장관은 SBS와의 인터뷰에서 국가영어능력평가시험을 도입해 "등급에 따른 상시 평가 체제로 바꾸면 수험생들의 사교육 부담이 줄어들 것"이라고 설명했다. 언제든 국가영어능력평가시험만 통과하면 더 이상 영어 사교육을 받을 필요가 없으므로 사교육비가 줄어들 것이라는 설명이었다.

이 방송을 보는 순간 나는 온몸에 소름이 쫙 돋았다. 어떻게 저런 생각을 할 수 있나 하는 황당함도 컸지만, 저 정책이 얼마나 충격적인 '사교육 광풍'을 일으킬지에 대한 우려도 컸기 때문이다.

국가영어능력평가시험을 통과하면 더 이상 영어 사교육을 받지 않아도 되므로 사교육비가 줄어들 거라니 이 얼마나 단순한 생각인가!

우선 영어능력평가시험은 듣기(Listening)와 읽기(Reading)로만 구성된 수능과 달리 쓰기(Writing)와 말하기(Speaking)가 추가된다. 이 말을 듣는 순간 가슴이 답답해지는 학부모들이 있을 것이다. 반면에 무릎을 치는 학부모들도 있을 것이다. 외국인과 만나 영어로 말해볼 기회를 갖지 못한 자녀를 둔 서민들은 가슴이 답답해질 것이고, 방학마다 외국에 나가 어학연수를 받고 비싼 영어유치원과 학원을 보내고 있는 강남의 학부모들은 흐뭇한 웃음을 지을 것이다.

그뿐만이 아니다. 영어를 미리 끝내면 논술과 수학이 중요 변수가 될 것임을 눈치 챈 강남의 '여유 있는' 학부모들은 자녀를 논술, 수학 학원으로 내몰고 있다. 하지만 이런 이야기를 해도 귀담아듣는 교육관계자들은 별로 없는 것 같다.

교육정책 담당자들의 잘못된 전제 중 하나는 과목이 줄어들면 학생들의 학습 부담이 줄어든다는 것이다. 그러나 과목이 줄어든다는 것은 소수 과목의 비중이 커진다는 것을 의미한다. 지금도 수능에서 영어와 수학의 비중이 절대적으로 크다. 수학과 영어로 당락이 좌우된다고 해도 과언이 아니다. 게다가 과목이 줄어든 만큼 그 과목들에 대한 공부시간이 증가하고 변별력을 확보하기 위해 문제는 더 어려워질 수밖에 없다. 어려워지는 만큼 학원 등 사교육에 대한 의존도가 더 높아지는 것은 말할 필요도 없다.

도대체 사교육을 줄이겠다는 정부가 왜 이렇게 소수 부유층이 좋아할 만한 정책을 실시하려는 것일까? 사교육을 줄이겠다는 것은 위선적인 공약에 불과하고 사실 그들의 진정한 의도는 교육에서 빈익빈부익부를 심화시켜 '교육을 통한 상승에의 열망'을 꺾어버리고 계층간 이동이 불가능한 '강남에서만 용이 나는' 사회를 만들겠다는 것일까?

물론 나는 이렇게까지는 생각하지 않는다. 지금까지 교육정책에서의 혼란은 교육현장에 '몸'으로 있어보지 않은 관료들이 새로운 정책이 학생들에게 실제 어떤 느낌과 의미로 다가올지 몰라서 벌어진 실패라고 생각한다.

그렇기에 이러한 실패가 더 이상 반복되어서는 안 된다. 우리는 힘겨운 노력을 통해 지금의 선진국 대열에 올라섰다. 교육을 통해 일어선 우리의 자랑스러운 나라가 교육에 발목이 잡혀 미꾸라지로 전락하도록 내버려둘 수는 없다. 더구나 그런 일이 교육현장에 무지한 교육정책 담당자들과 일부 정치인들의 경솔한 판단과 잘못된 정책 수립 때문에 일어난다면 그것은 더더욱 참을 수 없는 일이다.

1960년대 초반 고려대 총장이던 김상협 씨가 문교부 장관 재임 시절에 교육정책을 바꾸거나 새로운 정책을 거의 펴지 않았다. 이를 본 당시 윤보선 대통령이 "장관은 왜 일을 하지 않소?" 하고 꾸짖자 "교육은 국가 백년대계이기 때문에 정책을 자주 바꾸는 것이 옳지 않다고 생각하여 새 정책을 내놓지 않았습니다"고 대답했다는 일화가 있다(「대구매일신문」, 2009년 7월 22일, 김선응 대구 가톨릭대 교수 기고문 중 인용).

문제가 있을 때 바꾸지 않는 것도 문제이지만 깊이 있는 연구와 토론, 광범위한 의견수렴과 오랜 기간의 준비와 단계적인 시행 없이 소수의 사람들이 성급하게 단기적인 성과주의에 급급해 정책을 바꾸어버리는 것은 더욱 큰 문제이다. 그리고 그런 일이 발생할 때마다 어떤 혼란이 나타나는지 우리는 그간 경험할 만큼 경험했다.

이제 이야기를 정리하겠다. 우리는 지극히 정상적이고 긍정적인 '교육을 통한 상승에의 열망'을 가지고 있다. 하지만 잘못된 교육정책, 입시제도로 인해 그 열망이 '탐욕'으로 변질되고, 저소득층은 높은 사교육비 때문에 그 열망을 버려야 하는 상황이 되었다. 아무리 열심히 일하고 저축하더라도 서민이 좋은 교육환경과 정보가 집중되어 있는 교육특구로 진입하는 일은 불가능한 시대가 되었다. 이제 그들은 '그들만의 보금자리'에서 그들끼리 '용'을 키우고 있다.

이 책의 내용은 이런 잘못된 상황을 바꾸자는 것이다. '용궁'이나 '강남'에서만 용이 나는 것이 아니라 '개천'에서도 '단칸방'에서도 용이 날 수 있는 교육제도를 복원하자는 것이다. 교육에서의 경쟁이 불가피한 것이라면 스스로의 노력과 공정한 경쟁을 통해 상승의 계단을 한 계단씩 오를 수 있는 제도를 우리 자녀들에게 만들어주자는 것이다. 그리고 '교육을 통한 상승에의 열망'으로 '개천에서 용이 나는' 위대한 전통을 지키기 위해 현재 교육제도의 상황과 본질을 잘 이해하고 비판하는 '교육에서의 각성된 시민'이 되자는 것이다.

교육에서 각성된 시민들이 나타나 교육제도와 교육 전문가들을 비판하고 올바른 길로 가도록 하는 일은 이제 하나의 '운동'이 되어야 할 정도로 절박한 일이 되었다. 우리 모두 이 '운동'에 동참했으면 한다.

역사에서 발견한
교육을 통한 상승에의 열망

우리의 '교육을 통한 상승에의 열망'은 우리 역사에 깊은 뿌리를 두고 있다. 우리는 그 어떤 나라에서도 찾아보기 힘든 학문과 정치와 교육에 대한 위대한 전통을 가지고 있다. 하물며 지폐에 등장하는 세종대왕, 신사임당, 율곡 이이, 퇴계 이황 모두 교육과 관련된 인물들이지 않은가.

한글을 창제하고 과학과 학문에 힘쓴 성군 세종대왕, 한국인의 어머니상으로 추앙받는 신사임당, 아홉 번 과거에 급제하여 '9도 장원공'이라고 불린 율곡 이이, 중국과 다른 독자적인 성리학을 개척하고 후대에 학문적 태도의 귀감이 된 퇴계 이황 등은 모두 교육자라고 할 수 있다. 이들은 누란의 위기에서 나라를 구한 이순신 장군보다 오히려 더 높은 액면의 화폐에서 기념되고 있다.

조선시대에는 임금도 교육에서 예외가 될 수 없었다. 왕은 매일 경연을 통해 학자인 신하들의 강론을 들어야 했고 정치적인 토론에 참가해야 했다. 왕과 신하들이 정치적인 현안을 놓고 학문에 기반을 둔 논쟁을 매일같이 벌인 나라는 거의 존재하지 않는다. 아무리 왕이라 해도 마음대로 권력을 휘두르면 안 되고, 왕이 왕답지 않으면 갈아치워야 한다는 맹자의 '왕도정치론'에 기초한 학문 정치의 위대한 전통을 우리는 가지고 있었다.

조선시대부터 관료는 원칙적으로 유학에 대한 능력을 입증하는 시험인 '과거'를 통해 선발되었다. 양반이라 하더라도 과거에 합격하지 못하면 행세를 할 수 없었으므로 학문을 닦고 시험을 통해 실력을 인정받아야만 개인과 가문이 영예를 얻을 수 있었다. 과거제에 대한 여러 비판도 존재하지만 우리처럼 오랜 역사를 통해 적극적으로 과거제를 수용한 나라도 드물다.

퇴계 이황의 부친은 마흔이 되어서야 겨우 진사시험에 합격했고, 이황 자신도 여러 번 과거를 본 끝에 서른넷이 되어서야 급제를 했다. 율곡 이이의 부친도 아내 신사임당의 닦달에 못 이겨 힘들게 과거를 보고 관리가 되었다. 구한말 꼬장꼬장한 직필(直筆)로 『매천야록』 같은 명저를 남긴 매천 황현 선생은 서른넷이 되어 과거에 급제하고 다음과 같은 시를 남겼다.

서생이 강물 실컷 마셔보고야

강물이 깊은 것을 깨달았네.

예전에 헛되게 애쓴 것

이제 와 보니 도리어 우스워라.

멀리 고향에서

장원급제 소식 들을 걸 생각해 보니,

부모님의 한 번 웃음이

천금 값어치는 되리라.

(「무자년 생원시에 장원하고서」,『매천 황현 시선』, 허경진 엮음, 평민사, 1992)

과거에 통과하는 것은 '부모님의 한 번 웃음'을 주는 '천금 값어치'를 하는 것이었고, 과거를 통하지 않고는 어떤 양반이라도 세간의 인정을 받을 수 없었던 것이 우리의 자랑스러운 교육 역사이다.

과거제에서 우리는 학문이 단순히 이론적인 영역에서의 학문이 아니라 현실적인 삶과 정치를 가능하게 하는 것으로 이해되었음을 알 수 있다. 즉, 학문적인 성취가 있는 사람은 '좋은 삶', '좋은 정치'를 할 수 있는 사람으로 간주되었다. 공자와 맹자의 인성론과 정치학에 우주의 운행원리를 설명해주는 주자의 이기론까지 더해진 성리학을 통해 학문은 현실과의 관련 하에서 연구되었고, 성리학에 기초한 과거제는 '교육을 통한 상승에의 열망'을 제도적으로 보장해주었다.

신분제가 타파된 근대 이후에는 양반가의 교육에 대한 열정이 일반인들에게까지 파급되었다. 1905년 제2차 한일협약과 군대해산 이후 사립학교 설립운동이 전국적으로 전개되었다. 교육을 통해 근대화를 이룩하고 망해가는 나라를 되살리자는 운동이었다. 당시 이런 교육열에 놀란 조선통감부는 그것을 '교육열의 발흥'이라고 이름 붙이고 놀라워했다. 나라가 망해가는데 위아래 할 것 없이 조선의 백성들은 전국적으로 학교를 설립하는 놀라운 일을 하고 있었던 것이다.

사립학교 설립운동은 '거국적인 사회운동'으로 전국에 퍼져나갔고(신동원, 『한국 근대사회와 문화 2』, 서울대학교출판부, 2005, 204쪽) 지금 우리 주변에 있는 역사가 오래된 많은 사립학교들이 바로 이때에 설립되었다.

이런 '교육열의 발흥'은 여러 원인에서 나타났을 것이다. 신분제가 타파되고 교육이 개인적 출세의 필요조건이 된 사회적 분위기, 종교적 이념의 실현을 위한 목적, 계몽을 통해 기울어져가는 국가를 되살리려는 민족주의 운동, 개인적 이익을 위한 교육사업 등 여러 원인들이 복합적으로 작용했을 것이다. 하지만 이런 여러 동기의 저변에는 조선조부터 이어져오고 있던 교육을 통한 개인과 가문의 출세라는 뿌리 깊은 의식이 크게 작용했을 것이다. '교육을 통한 상승에의 열망'이 모든 사람들에게로 확대된 것이다. 우리가 살아가고 있는 시대도 이런 사회적 상황의 연장선상에 놓여 있다.

이런 '교육을 통한 상승에의 열망'이 단순히 개인적인 열망에 그치지 않고 사회적인 풍조가 될 수 있었던 것은 그것을 허용하고 장려하는 사회적인 제도가 있었기 때문이다. 조선시대에는 과거제를 통한 관료선발 제도가 이것을 가능하게 해주었고, 세습 신분이 사라진 근대 이후에도 대학입시는 말할 것도 없고 사법시험, 행정고시, 외무고시 등의 형태로 관료선발 제도가 존속되어 이런 열망은 끊임없이 지속되었다.

누구든 출신 신분에 무관하게 열심히 공부해서 좋은 성적을 얻으면 해당 분야에 관한 전문적인 지식을 습득했으며 그것이 바로 업무능력으로 이어진다고 판단해 사회의 중요한 직무를 맡겼다. 우리 사회가 지금까지 활력을 유지해온 것도 이런 '개방적인 시험제도'가 존재했기 때문이다.

이것을 우리는 흔히 '개천에서 용이 난다'는 말로 표현한다. 우리 주변에서 볼 수 있는 성공한 많은 사람들이 바로 '개천에서 용이 난' 사례들이다. 노무현 전 대통령이 그랬고 이명박 대통령이, 오세훈 전 서울시장이 그랬다. 노무현 전 대통령은 상업고등학교를 졸업해 대학을 나오지 못했지만 사법고시라는 시험제도 덕분에 변호사가 될 수 있었다. 만약 지금 시행되기 시작한 법학대학원 제도가 그때 있었다면 노무현 전 대통령이 변호사 자격증을 딸 수 있었을지 모르겠다. 법학대학원은 일반 대학을 졸업해야 하며 많은 학비가 들기 때문이다.

이명박 대통령은 "나의 스승은 가난과 어머니였다"고 말하며, "고향에 대한 최초의 기억은 포항 시장통의 가난이었다"고 했다. 그리고 그 가난은 "스무 살이 넘어서도 떨어질 줄을 몰랐다"고 한다. 그러나 그는 우리나라 최고 기업의 CEO까지 올랐고 마침내 대통령이 되었다(이명박, 『신화는 없다』, 김영사, 2005). 이명박 대통령이 가난했던 시절을 자랑스럽게 말할 수 있는 것도 이러한 '상승'을 긍정적으로 생각하는 사회적 분위기 때문이다.

오세훈 전 서울시장도 한 강연에서 "많은 분들이 제가 여유 있게 자랐다는 선입견을 갖고 있는데 그렇지 못했다"고 말하며, "아버지는 부도 위기의 건설회사에 다니셨고, 어머니는 교육을 많이 받지 못하셨는데 결혼 전 미용사셨다"고 했다. 그는 전기가 들어오지 않는 산동네 판자촌에 살았던 경험과 아버지가 몇 달씩 월급을 받지 못해 굶었던 일, 집주인과 싸워서 셋집에서 쫓겨났던 일화 등 어린 시절 겪었던 역경도 소개했다. 그러면서 그는 "마음이 부자였고, 어렵게 자랐다고 해서 불만을 가지거나 한 적이 없다"며, "이는 무엇인가 항상 가르치려 하신 아버지와 어려운 환경에서도 이를 극복하려고 노력하신 어머니의 영향 때문이었다"고 말했다(「연합뉴스」, 2009년 7월 20일).

학원도 다니지 못했지만 그는 외국어대학교에 입학했고 고려대 법대에 편입했다. 이명박 대통령 역시 등록금이 면제되는 동지상고 야간부에 입학해 장학금을 받았고 서울에서 노동자 생활을 하며 독학으로 고려대학교 경영학과에 입학했다. 이렇듯 '개천에서 용이 난' 일은 1970년대, 80년대에 대학에 입학한 세대에서는 아주 흔한 일이었다.

노력해서 성공하려는 '열망'은 그것을 가능하게 해주는 시험제도, 즉 사회적 신분이 개인적 노력에 의해 좌우되는 사회구조와 연관되어 우리 사회를 활력 있는 좋은 사회로 만들어왔다. 나중에 와전된 것으로 밝혀졌지만, 1986년 아시안게임 육상 부문에서 금메달을 세 개나 딴 임춘애 선수가 "하루 세 끼 라면만 먹고 뛰었다. 우유가 먹고 싶다"고 했던 인터뷰는 많은 사람들의 마음을 울렸고 지금도 기억되고 있다. 그만큼 '개천에서 용이 나는 일'을 자랑스럽게 말할 수 있는 좋은 문화를 우리는 가지고 있었다.

그러나 현재 교육제도의 개편 방향은 이러한 좋은 전통을 파괴하는 쪽으로 흘러가고 있다. 어려워진 수능, 국가영어능력평가시험, 논술고사, 입학사정관제, 복잡한 입시전형, 늘어나는 수시모집 등이 그렇고, 법학대학원과 약학대학원, 지금은 폐지되는 추세인 의학대학원 제도가 또한 그렇다. 아이들의 부족한 학업을 보충해주지 않는 공교육이 그렇고, 학원의 시간마저 규제해 더 많은 비용이 드는 과외방을 양산해낸 정부의 교육정책이 그렇다.

수시로 개편되는 교과과정과 입시제도 또한 돈과 정보가 부족한 서민들에게 일방적으로 불리하게 작용하고 있다. '교육을 통한 상승'이 아니라 '돈과 정보를 통한 상승'만이 가능한 방향으로 전체적인 교육제도, 입시제도가 바뀌어가고 있는 것이다. 문제는 이런 변화가 의도되지 않은 '정책실패'일 때가 많다는 것이다.

우리는 '교육을 통한 상승에의 열망'을 가능하게 했던 좋은 제도들을 잘 보존하고 지켜야 한다. '시험 몇 점으로 당락이 갈리는 것'은 불합리하다는 말들을 하며 교육정책자들이 우리의 좋은 시험제도를 허물어왔다. 하지만 그 '시험 몇 점'에 얼마나 많은 시간의 노고가 알알이 맺혀 있는지 알아야 한다.

1천 개의 이론에서 열 개의 문제가 시험에 나온다 해서 그 열 개의 문제 중 몇 개의 문제가 당락을 결정하는 것이 아니다. 한두 문제를 틀리지 않기 위해 그 1천 개의 이론을 수없이 반복해 성실히 공부한 학생이 좋은 성적을 받고 우리는 시험을 통해 그런 성실함을 평가하고 인정하는 것이다. 이런 성실함 없이는 그 어떤 직업적 성취도 이룰 수 없다는 것을 알기에 기업들은 그런 인재들을 우선적으로 선발한다. '개천에서 용이 나는 일'은 누구나 주어진 범위 내에서 준비할 수 있는 공정한 시험제도를 통하지 않고는 이루기 힘든 일이다.

자녀의 미래를 위해 열심히 돈을 모으는 친구가 있다. 얼마 전 그 친구는 "예전에는 라면 먹고 고생하다가 성공했는데, 요즘에는 라면 먹고 고생하다가는 그냥 죽어버려"라는 농담을 하며 부모가 돈을 많이 벌어야 자녀가 좋은 삶을 살 수 있다는 말을 했다. 너무 냉소적인 농담이지만 그 말 속에 오늘날 우리의 교육정책, 입시제도의 현실이 그대로 녹아 있다.

'개천에서 용이 나는 일'이 어려워지고 있다는 것은 입시와 교육에 무관한 사람들마저 감지하고 있는 사실이다. 학생들과 함께 공부를 해온 지난 20여 년간 내가 경험한 거의 모든 교육정책들은 교육에서의 빈익빈부익부, 양극화를 심화시키며 '개천에서 용이 나는 일'을 점점 더 불가능하게 만들어왔다.

이러한 현실을 인지하고 있다면 더욱 예민하게 교육정책의 변화를 주시하고 있어야 한다. 물론 하루하루 살아가기 바쁜 서민들이 교육정책 변화의 흐름을 추적하고 대비하기란 쉽지 않다. 하지만 교육정책의 전체적인 변화의 방향만이라도 제대로 알고 있다면 대비할 수 있는 방법들이 존재한다.

외국에는 보내지 못할지라도 영어 말하기에 대한 대비 차원에서 좋은 문장들을 암기시킬 수도 있고, 회화책을 암기시킬 수도 있다. 영어 듣기 문제집을 사서 대본을 반복적으로 따라 읽으며 영어 말하기 연습을 할 수도 있다. 매일 몇 줄이라도 영어 일기를 쓰게 할 수도 있고 영작문 책을 구입해서 공부하게 할 수도 있다. 제도적인 차원에서 나쁜 제도를 비판하고 좋은 제도를 도입하기 위해 노력하는 일도 필요하지만, 개인적인 차원에서의 꾸준한 노력도 필요하다.

교육정책에 대해 '각성된 시민'이 되어야 하는 것은 이런 이유 때문이다. '각성(覺醒)'이라는 말은 '깨어 정신을 차리고 있다'는 의미이다. 우리가 교육제도의 변화에 대해 눈을 감고 잠을 자고 있다면 어느새 바뀌어버린 제도를 이해하지 못하고 대처하지 못하게 된다. 변화무쌍한 교육제도에 제대로 대처하지 못하는 개인들이 늘어나 '교육을 통한 상승에의 열망'이 사라져버리지 않도록 개인적인 차원과 사회적인 차원에서의 노력이 모두 필요한 때이다.

복잡하고 혼란스러운 교육제도는 사교육계에 상당한 이익을 안겨주었다. 나도 그간 그 덕을 보고 편안하게 살아왔다. 하지만 내 가슴속 한구석에는 어려운 상황에서도 열심히 공부해 좋은 대학에 진학하고 좋은 직업을 얻은 친구들의 모습이 항상 어른거렸다.

나는 그 친구들을 만날 때마다 지금의 입시제도였다면 이렇게 성공하지 못했을 거라고 말한다. 그러면 그 친구들도 다행이라고 말하며 이제는 자녀들에 대한 걱정을 함께 나눈다.

내 친구의 말대로 '라면 먹다가 그냥 죽어버리는' 사회라면 더 이상 희망이 존재하지 않는 사회이다. 비록 라면을 먹고 공부했지만 오늘의 성공을 자랑하며 그때를 아름답게 추억할 수 있는 사회를 우리는 바라고 또 그런 사회를 만들기 위해 함께 노력해야 한다. '개천에서 용이 나는' 아름다운 전통은 어떤 일이 있더라도 우리 모두가 지켜내야 할 가장 소중한 우리의 자산이다.

 ## 지나친 교육열?
우리의 자랑이다

마음이 울적하고 하는 일이 잘 되지 않을 때 즐겨 보는 동영상이 있다. 1963년 '일자리와 자유를 위한 워싱턴 행진'에 참가한 25만 명의 군중을 향해 외친 마틴 루서 킹 목사의 '나에게는 꿈이 있습니다(I have a dream)'라는 연설 동영상이다. '우리는 이겨낼 것입니다(We shall overcome)'라는 흑인 영가를 부르며 행진하는 장면으로 시작되어, "하나님, 전능하신 하나님, 우리는 마침내 해방되었습니다!"라는 외침으로 끝이 나는 킹 목사의 절절한 연설을 듣고 있으면 가슴이 뭉클해지고 힘이 샘솟는다.

그래서인지 미국 대통령 선거에서 최초로 흑인 후보 버락 오바마가 승리했다는 소식을 들었을 때 인종이라는 벽이 사람들을 가르지 않는 좋은 사회를 꿈꾼 킹 목사님의 꿈이 이제 이루어진 것이 아닌가 하는 생각이 들어 무척 흐뭇했다.

그런데 오바마는 참 재미있는 사람이다. 한국의 기자들이나 대통령을 만나면 우리말로 "안녕하세요"라고 인사를 하는가 하면 연일 한국에 대한 칭송을 늘어놓는다. 오바마는 취임하자마자 자신의 21세기 교육정책 구상을 발표하며 한국의 교육사례를 소개했다. 그는 2009년 3월 10일 워싱턴DC 히스패닉 상공회의소에서 교육에 대해 다음과 같이 언급했다(이하 오바마의 연설은 주한미국대사관 홈페이지에서 인용).

> ……… 미국의 어린이들은 매년 한국의 어린이들보다 학교에서 보내는 시간이 한 달이나 적습니다. 이는 21세기 경제에 대비하는 바람직한 방법이라고 볼 수 없습니다. 단지 효과적인 방과후 프로그램뿐만 아니라 여름방학 기간이 됐건 확대 교육과정을 통해서건 희망 학생들을 대상으로 보다 많은 교육시간을 학사일정에 포함시키는 조치를 재고해볼 것을 제가 촉구하는 이유가 여기에 있습니다.

우리는 미국의 방학이 긴 것을 선진국의 징표라고 생각하고 부러워하고 있는데 오바마는 오히려 미국의 어린이들이 너무 많이 놀고 있다며 한국의 학생들이 학교에서 보내는 시간이 많은 것을 부러워하고 있다. 우리는 학생들을 너무 가혹하게 공부시키고 있다고 생각하는데 오바마는 오히려 한국의 교육열을 배워야 한다고 말한다. 그래서 미국의 학생들에게 '보다 많은 교육시간'이 필요하다고 주장한다.

한국 교육에 대한 오바마 대통령의 관심과 언급은 이후에도 이어진다. 2010년 1월 6일 '혁신을 위한 교육'이라는 연설에서 오바마는 또다시 한국의 교육열을 칭찬했다.

……… 지금 이 순간에도, 세계 다른 나라들의 교육수준은 높아만 가고 있습니다. 작년 말에 제가 아시아를 순방했을 때 저는 그 사실을 어렵지 않게 확인할 수 있었습니다. 저는 한국 대통령과 오찬을 함께하는 자리에서 한국이 직면한 가장 심각한 교육 문제가 무엇이냐고 질문했습니다. 그는 한국의 가장 심각한 교육 문제는 예산 부족이나 학교 노후화 같은 문제들이 아니라 학부모들의 지나친 교육열이라고 답하더군요. 그는 학부모들이 초등학교 영어 교육을 요구하는 통에 정부가 수천 명의 해외 원어민 교사를 모집해야 했다고 말했습니다.

그는 한국 학부모들의 '지나친 교육열'을 오히려 부러워하며, 미국의 부모들이 배워야 할 것은 '학교에서 우수함을 키울 수 있도록 하는 (한국)부모들의 주장'이라고 같은 연설에서 말한다. 우리는 가장 큰 문제라고 지적하는 '교육열'에 대해 오바마는 부러워하며 미국도 그것을 배워야 한다고 주장하고 있는 것이다. 이런 말이 '경쟁'을 강조하는 공화당 대통령이 아니라 '서민'의 편에 선 민주당 대통령의 입에서 나왔다는 것도 주목할 만한 일이다.

자녀교육에 열성적인 학부모들은 그런 자신의 모습에 부끄러움이나 죄의식을 가진 경우가 많다. 자기 아이를 열심히 가르쳐 좋은 대학에 보내고 좋은 직업을 갖게 하려는 것이 이기적인 욕심은 아닐까 하는 생각에 교육열을 숨기는 경우도 있다. 그렇듯 우리가 드러내놓고 당당하게 말하지 못했던 우리의 가장 큰 장점을 오바마 대통령이 오히려 부각시켜주고 있는 것이다. 그는 자녀교육에 대한 우리의 열정이 결코 부정적인 것이 아니며 오히려 자랑스러운 것이라고 말하고 있다.

한국 교육에 대한 오바마 대통령의 이런 찬사는 한국의 눈부신 경제 성장과 발전 때문인 것 같다. 그는 아프리카의 가나를 방문했을 때 다음과 같은 연설을 한다.

> ……… 하지만 이 같은 발전에도 불구하고 그리고 특히 아프리카의 많은 국가에서 괄목할 만한 진전이 이루어졌음에도 불구하고, 그 장밋빛 약속의 대부분이 아직 실현되지 않았다는 사실 또한 우리는 잘 알고 있습니다. 제가 태어났을 당시 케냐와 같은 국가들의 1인당 경제규모는 한국보다 훨씬 컸습니다. 하지만 지금은 모두 한국에 완전히 추월당했고, 질병과 갈등은 아프리카 대륙을 황폐화시켰습니다.

오바마는 케냐보다도 뒤져 있던 최빈국 한국의 놀라운 경제 성장에 대해 언급하며 그 원인이 '교육'에 있다고 분명히 말한다.

2010년 2월 22일 오바마는 백악관에서 주지사들과 만난 자리에서 방한 당시 이명박 대통령과 나누었던 한국의 교육열을 언급하며, "한국 부모들은 자녀들이 수학, 과학, 외국어 등 가능한 한 모든 것을 다 잘하기를 원한다"며 "다른 나라보다 교육을 잘 시키는 나라가 미래에 미국을 이길 수 있다는 것을 알기 때문에 그들은 자녀들이 뛰어나길 원한다"고 우리의 교육열을 또다시 칭송했다. 그는 "이것이 우리가 직면한 현실이며 미국이 세계 최고라는 사실이 위태로운 처지에 왔다"는 말까지 덧붙였다(「매일경제」, 2010년 2월 23일).

오바마의 적절한 지적대로 우리나라가 식민지와 전쟁의 폐허를 경험하고도 세계 최고의 기술을 가진 선진국으로 발돋움할 수 있었던 것은 바로 '교육의 힘', 즉 '교육을 통한 상승에의 열망' 때문이다. 세계가 놀랄 만한 경제적 성장과 발전, 정치에서의 민주화, 문화, 예술, 스포츠 등에서의 업적 등은 모두 이 열망이 있었기에 가능한 일이었다.

강대국의 틈에 끼여 자원도 없는 척박한 땅에서 우리가 가진 단 하나의 강력한 무기가 바로 이 열망이었다. 내가 가난에서 벗어나지는 못하더라도 내 아들 딸만큼은 더 나은 삶을 살도록 해줘야겠다는 강한 의지와 그것을 가능하게 해주는 교육제도가 있었기에 힘겨운 오늘을 참아내며 미래를 기대할 수 있었다.

그러므로 우리 학부모들이 가진 교육열, 자녀를 잘 교육해 훌륭한 사람으로 만들려는 열성은 부정적인 것도 특별한 것도 아니다. 우리의 DNA 속에는 그런 유전인자가 면면히 이어져 내려오고 있는 것이다.

물론 우리 부모들의 교육열이 자신만 생각하고 출세와 이익을 위해서라면 수단과 방법을 가리지 않고 남을 짓밟고 일어서려는 출세지향적인 인간을 만들기 위한 것이라면 그건 분명 부정적이다. 하지만 다들 알다시피 대부분 부모들의 교육열은 그렇게 잘못된 방향을 향하고 있지 않다. 내 아이는 나보다 좋은 삶을 살았으면 하는 소박한 욕심에서 시작한 교육열이 그것을 가능케 하는 제도와 맞물려 상승작용을 일으켰고, 오늘날의 우리를 만든 것이다.

이런 열망이 우리 사회를 이토록 발전시킨 가장 기본적인 동력이라면 우리는 그 교육열을 결코 부끄러워할 이유가 없다. 더 많이 아는 사람, 더 좋은 사람, 그래서 더 중요한 일을 할 수 있는 사람으로 만들겠다는 열망은 우리의 위대한 전통이다.

그러나 최근 이런 위대한 전통이 무너지고 있다. 교육을 통해 일어선 대한민국이 '교육에 발목 잡힌 대한민국'으로 전락하고 있다. 경제에서뿐 아니라 교육에서도 빈익빈부익부 현상이 심화되고 있으며, 이런 현상은 우리 부모들의 올바른 교육열을 비뚤어진 욕심으로 전락시키고 있다.

열심히 노력하는 어린 학생이 스스로의 노력을 통해 상승의 계단을 한 계단 두 계단 오르는 것이 불가능하게 되어버린 현실이 지금의 교육제도, 입시제도이다. 학원의 도움 없이, 과외 선생의 도움 없이 스스로의 노력으로 좋은 성적을 얻고 좋은 대학에 진학하는 것은 이제 꿈과 같은 일이 되어버렸다.

이명박 대통령은 막노동을 하면서 대학에 진학했다고 한다. 그러나 이명박 대통령이 지금의 교육제도, 입시제도 아래에서 공부한다면 아마도 좋은 대학에 진학하기 힘들 것이다. 가난하다면 학원을 다닐 수도, 면접과 논술을 준비할 수도, 입학사정관제에 대비할 수도, 어학연수를 다녀와 국가영어능력평가시험을 대비할 수도 없을 것이기 때문이다.

어떤 고등학생이 내신, 수능, 논술, 면접, 적성검사, 입학사정관, 특별전형, 수시모집 이 모든 것을 다 준비할 수 있단 말인가? 오죽했으면 대학입시의 필수조건이 '할아버지의 경제력, 엄마의 정보력, 자녀의 체력, 아빠의 무관심'이라는 말이 나왔을까?

엄마는 자녀에게 딱 맞는 학원과 과외 선생을 찾기 위해 백방으로 뛰어다녀야 하고, 자녀의 성적을 관리하고 생활을 관리하며 국정원 직원도 갖기 힘든 수준의 정보력을 갖춰야 한다. 내신의 모든 과목을 공부해야 하고, 논술학원 영어학원 수학학원에 입학사정관까지 준비하고, 거기에 수시준비와 정시준비까지 해야 하는 자녀에게 체력이 필요하다는 말은 씁쓸한 자조를 불러온다.

그뿐이랴. 이 어마어마한 사교육비가 과연 부모의 수입만으로 충당될 수 있을까? 그것이 애초부터 불가능하기에 아버지가 아닌 할아버지의 재력이라 운운하는 것이다. 하지만 무엇보다 마음 아픈 건 한 집안의 가장인 아빠는 이 '난리굿'에 간섭하지 말고 그저 묵묵히 돈만 벌어오는 것이 도와주는 거라는 현실이다.

교육을 통해 지금보다 더 나은 삶, 더 나은 사회를 만들고자 했던 우리 민족의 교육열은 결코 부끄러운 것이 아니다. 식민지와 전쟁을 겪으며 황폐해진 나라에 '기적'을 불러일으킨 최대 동력이었으며, 성실하고 부지런한 국민성을 만들어준 밑바탕이었다.

이제 우리는 더 늦기 전에 우리의 자랑이었던 '건강한 교육열'을 되찾고, 누구나 열심히 노력하면 원하는 것을 얻을 수 있는 '건강한 나라'로 돌아가야 한다. 그러기 위해서는 교육정책이 어떠한 방향으로 개편되는지 잘 주시하며, 비판적인 목소리를 내는 '각성된 시민'이 되어야 한다. 내 아이 공부에만 급급하는 것을 넘어, 나라의 교육대계를 염려하고 비판하는 시민들이 되어야만 결국 내 아이도 잘 살 수 있는 '좋은 나라'를 회복할 수 있다.

시험에 대한 평가절하?
거부한다!

　여러 해 전 내가 근무하던 학원에 아주 씩씩한 여직원이 있었다. 듬직한 외모에 카리스마가 넘치는 업무 처리로 학원의 힘든 일들과 학원 선생들의 까다로운 요구를 잘 처리해 모두의 사랑을 받았다.

　그런데 그 여직원으로부터 놀라운 이야기를 들었다. 당시 세상을 발칵 뒤집어놓았던 연쇄살인범이 자기의 방과 마주보는 방에서 살고 있었고 바로 그 방에서 살인들이 이루어졌다는 것이었다. 그런데 그 여직원은 그가 그런 일을 저질렀다는 것을 절대 상상할 수 없다고 했다. 만날 때마다 친절하고 상냥하게 인사를 건네서 호감을 가지고 있었는데 그런 사람이 그렇게 무서운 연쇄살인범이라는 것이 도저히 믿기지 않는다고 했다.

물소리도 자주 나고 문을 깨끗이 닦는 모습을 여러 번 봐서 참 깨끗하게 사는 사람이구나 생각했는데, 그것이 살인의 흔적을 지우기 위한 것이었음을 나중에 알고는 놀랍고 섬뜩하다고 했다. 그 집에 살던 사람들은 그 일에 충격을 받고 거의 집을 떠났고 지금은 자기 혼자 그 큰 다세대 주택에 살고 있다고 했다. 무섭지 않느냐고 했더니, 주인이 집세도 깎아주었고 지금까지 살아온 곳이어서 그냥 살기로 했단다. 밤마다 한 스님이 찾아와서 고인들의 명복을 비는 독경을 한다는 말을 듣고 그런 으스스한 일을 잘 참아내는 여직원의 담대함이 놀라울 따름이었다.

사람은 참 알 수 없는 존재이다. 그렇게 상냥하고 친절하던 사람이 그토록 무시무시한 연쇄살인범이었다니 말이다. 이 정도로 극단적인 사례는 아니더라도 우리는 이와 비슷한 일들을 경험하고는 한다. 여러 해 동안 사귀어 잘 알고 있다고 생각했던 사람이 전혀 예상치 못한 행동을 해서 우리를 놀라게 할 때가 있고, 형제보다 더 믿었던 사람에게 배신을 당할 때도 있다.

나도 몇 차례 그런 경험을 한 적이 있다. 너무 잘 알고 믿었던 사람이 작은 이해관계 때문에 거짓으로 나를 대해온 것임을 알게 되었을 때의 그 기분이란 말로 표현하기 힘들다. 이런 경우 "어떻게 그럴 수가 있을까?"라는 탄식이 저절로 입에서 나오게 된다.

나는 오랫동안 재수생을 가르치는 학원에서 50명 정도의 학생들을 데리고 10개월 동안 아침부터 밤까지 함께 생활하며 공부를 했다. 하지만 거의 1년 가까이 함께 생활을 하며 지내는데도 학생들의 진짜 모습을 제대로 파악하지 못할 때가 많다.

어느 해인가 학기 초에 한 남학생이 찾아와 어머님이 편찮으셔서 집에 일찍 가야 한다며 조퇴를 시켜달라고 했다. 조퇴를 시킬 때는 반드시 부모님께 확인을 받기 때문에 어머님과 통화를 해야겠다고 말했더니 갑자기 눈물을 흘리는 것이었다. 이유를 물으니 어머님이 정신적으로 문제가 있으셔서 지금 병원에 가야 하는데 자기가 모시고 가야 한다는 것이었다. 전화통화를 하면 횡설수설하실 거라며 하도 엉엉 우는 통에 나도 그 말을 전적으로 믿을 수밖에 없었다.

조퇴를 한 다음 날 잘 다녀왔느냐고 물었더니 토요일마다 어머님을 모시고 경기도에 있는 병원에 다녀와야 한다며 매주 조퇴를 해야 한다고 말했다. 상태가 악화되면 어머님이 자해를 하기도 해서 위험하다고 말하며 또 눈물을 흘렸다.

나는 그 학생을 잘 위로하고 매주 토요일마다 외출을 시켜주었다. 이런 문제는 민감한 것인지라 다른 학생들 모르게 조용히 조퇴를 시켜주었다. 수능이 며칠 남지 않았던 어느 날은 얼굴이 사색이 되어 어머님이 정신병원에 입원했는데 이모가 병문안을 가다가 교통사고가 나셨다며 엉엉 우는 것이었다. 병문안을 다녀오겠다고 해서 그러라고 했다.

그런데 수능이 끝나고 나서 진학상담을 할 때 어머님이 학원에 찾아오셨다. 대화를 나눠보니 어머님이 너무 차분하시고 점잖아 보이셔서 지나가는 말로 "어머님, 요즘은 건강이 괜찮으신가요?" 하고 물었다. 그러자 어머님은 의아하다는 표정을 지으며 "저 원래 건강한데요. 왜 그러세요 선생님?" 하고 반문을 하시는 게 아닌

가. 나는 뭔가 이상해서 그간 그 학생과 있었던 일을 다 말씀드렸다. 그러자 어머님은 깜짝 놀라시며 자신은 건강에 전혀 문제가 없으며 이모가 다친 적도 없다고 말씀하셨다. 그 학생이 말한 모든 것이 거짓이었던 것이다.

나도 어머님도 무척 놀랐다. 어머님은 오히려 담임선생이 학부모가 학원에 연락하거나 찾아오는 것을 무척 싫어하니 절대로 학원에 연락하거나 찾아오지 말라고 해서 학원 생활이 궁금했지만 연락을 하지 않았다고 하셨다. 심지어 내가 가지고 있는 학부모 전화번호도 틀린 것이었다.

그 친구에게 왜 그랬냐고 물어보니, 갇혀서 공부하는 것이 너무 힘들어서 그렇게 거짓말을 했단다. 한번 거짓말을 하고 나니 계속 거짓말을 하게 되고 자신도 놀랄 정도로 거짓말의 수준이 높아져 버렸다며 내게 잘못을 빌었다. 그 일이 있고 나서부터는 학생들이 어떤 말을 하더라도 그대로 믿지 않고 반드시 부모님께 확인을 한다. 눈물을 뚝뚝 흘리면서 말하던 그 친구의 모습이 떠오를 때마다 사람은 참 알 수 없는 존재라는 생각이 든다.

1년 내내 아침부터 밤까지 함께 생활하며 공부를 하면서도 그 학생의 결정적인 모습을 제대로 알지 못하는 경우가 많이 있다.

나는 학생들과 대화를 많이 나누는 편이고, 여러 해 동안 학생들을 가르쳐와서 대체로 어떤 시기에 어떤 일들이 일어나는지 잘 알고 있다. 또 학기 초에 몇 명의 학생들에게 매일 우리 반에서 일어나는 일들을 이야기해주도록 부탁하기 때문에 그래도 학생들 사이에서 일어나는 일들에 대해 잘 알고 있는 편이다. 하지만 그런데도 학생들의 숨겨진 모습을 제대로 파악하지 못하고 넘어갈 때가 많다. 이것은 선생인 나뿐만 아니라 학생들 사이에서도 마찬가지이다. 바로 옆에 앉아서 그렇게 많은 시간을 함께 보낸 친구에 대해서 제대로 알지 못하는 경우가 많다.

종강을 하고 나면 진학상담을 해야 하기 때문에 학생들이 자주 학원을 찾는다. 그래서 종강 후에도 학생들과 모임을 자주 갖는데, 이때의 학생들은 평소와 다른 모습을 보일 때가 상당히 많다. 어쩌면 이때의 모습이 학생들의 진실한 모습인지도 모르겠다. 공부를 위해 모든 것을 참고 드러내지 않던 학생들이 이때가 되면 자신의 원래 모습을 가감 없이 드러내고는 하기 때문이다.

조용하고 착실하게 공부에만 전념하던 친구가 너무나 쾌활하게 모임을 주도하는가 하면 정작 학원에서는 주도적이던 친구들이 공부 외의 다른 면들이 개입되는 이후의 모임에서는 소극적으로 위축되는 경우도 있다. 그런 모습을 볼 때에도 사람은 참 알 수 없는 존재라는 생각을 하게 된다. 그래서 사람을 평가하는 일은 굉장히 어렵고도 조심스럽다.

이명박 정부에 들어와서 가장 의욕적으로 실시하고 있는 제도가 '입학사정관제'이다. 현재 입학사정관들은 전국적으로 6천여 명에 달한다. 하지만 전임 입학사정관은 758명에 불과하고 대부분이 위촉된 입학사정관들이다(「경향신문」, 2010년 10월 14일). '석사학위 이상 소지자, 교육학·심리학·사회과학·상담학·통계학·전산학 등의 전공자 등'을 위촉하고 있지만 이들은 단지 1년 단위의 계약직 연구원 신분에 불과하다. 게다가 위촉된 사정관의 1인당 평균 교육시간이 연간 18.3시간에 불과하며, 심지어 55분인 대학도 있다고 한다.

　대학들도 짧은 면접을 통해 학생들의 진면목을 제대로 가리기 힘들고 비슷비슷한 교내활동과 봉사활동 기록을 통해 좋은 학생을 선별하기가 힘들어 내신을 가장 중요하게 보고 있는 상황이다. 그래서 2009년에는 일반적인 수시모집보다 입학사정관 전형의 내신 성적이 더 높은 상황이 벌어지기도 했다. 즉, '잠재력' 있는 학생들을 면접을 통해 선발하겠다는 당초의 의도는 사라져버리고, 성적이 좋은 학생들을 미리 선점하는 제도로 바뀌어버렸다는 말이다.

　그 준비 과정도 대책이 없어서 '사정관(査定官)'이 아니라 '사정관(死定官)'이라는 말이 나오고 있는데도 이주호 교육과학기술부 장관은 2010년 10월 13일에 열린 '학부모와 함께하는 교육정책 설명회'에서 "입학사정관제는 꼭 성공해야 하는 제도로, 모든 정책은 시간이 필요하고 시행 초기에는 부작용이 나올 수 있다. 현재 안착단계로 가고 있고 매년 좋아질 것"이라는 상황에 맞지 않는 말을 했다. '입학사정관제는 제대로 준비되지 않은 채 시행되었고 시행 초기부터 상당한 부작용이 나오고 있으며 안착할지 의문시된다'고 말하는 것이 더 정직한 표현이 아닐까 한다.

　거의 10개월이 넘는 기간 동안 아침 7시부터 밤 10시까지 매일 함께 공부하고 이야기하고 질문하고 답하며 함께 생활을 하더라도 그 학생의 '잠재 능력', '본질', '숨겨진 능력과 모습'을 제대로 파악하지 못하는 경우가 많은 것은 선생의 관찰력이 부족해서만은 아니다. 그것은 '인간 자체'가 알 수 없는 많은 가능성을 가진 존재이기 때문이다. 이는 모든 인간의 경우에 해당된다. 그러므로 훈련도 제대로 받지 않은 입학사정관들이 극히 짧은 시간 동안 학생들의 잠재력을 판단해서 미래를 결정하겠다는 입학사정관제는 애초에 많은 문제점을 가진 제도일 수밖에 없다.

그럼에도 대학들은 정부가 막대한 자금을 지원하고 있기 때문에 입학사정관제를 점차 확대하려는 움직임이다. 2009년에는 236억 원, 2010년에는 350억 원의 자금이 대학에 지원되었다. 준비도 제대로 되지 않은 대학들이 정부의 미끼를 얻어먹기 위해 너도나도 입학사정관제를 도입하고 있는 것이다.

지금 당장은 능력이 조금 부족하지만 잠재력을 가진 학생들을 선발하겠다는 취지 자체도 문제가 있지만 지금의 입학사정관제는 오히려 특목고생들을 선발하는 전형으로 변질되고 있다.

2010년 입시에서 특목고생의 비율을 보면 고려대 과학영재 전형에서 95.1퍼센트, 이화여대 이화글로벌 전형에서 73.4퍼센트, 고려대 세계선도인재 전형에서 62.4퍼센트, 광주과기원 입학사정관제 전형에서 61퍼센트, 성균관대 65.3퍼센트, 연세대 37.7퍼센트, 중앙대 33.2퍼센트에 이르는 등 이미 시행 초기부터 상당한 문제가 있는 '불공정한 제도'로 변질되고 있는 상황이다(「경향신문」, 2010년 10월 14일).

사실 입학사정관제의 취지 자체가 문제이다. 사회적으로 중요한 과목들을 학생들에게 가르치고 그것을 잘 학습하여 좋은 평가를 받는 학생들을 좋은 학생이라고 규정하고 그런 학생들을 대학에서 선발하는 것이 좋은 입시제도라고 한다면, 입학사정관제는 기형적인 제도가 아닐 수 없다.

지금은 조금 부족하지만 그 학생이 가진 '잠재력'으로 평가한다면 지금 현재 열심히 최선을 다해 노력하며 자신의 잠재력을 실현해서 내신과 수능에서 좋은 성적을 올린 학생들은 무엇이란 말인가? 성실히 배운 것을 갈고 닦아서 수능에서 좋은 성적을 내는 학생들을 오히려 배제하는 이런 입학사정관제를 과연 '공정한 제도'라고 말할 수 있을까?

이주호 교과부 장관은 기자들과의 간담회에서 "대학입시가 지나치게 변별력 위주가 되는 것은 바람직하지 않으며 대학들도 점수 1, 2점을 기준으로 학생을 선발하는 것은 문제가 있다고 인식하는 추세"라며 "대입정책은 점수 위주가 아니라 아이들이 학교에서 잠재력이나 창의력 등의 역량을 충분히 축적했는지를 보는 방향으로 일관성을 유지할 것"이라고 말했다(「연합뉴스」, 2011년 2월 24일). 그러나 그렇게 생각하는 것은 문제가 있다.

예를 들어 수능에서 수학 시험을 보기 위해서는 고등학교 3년 내내 수학의 전체 내용을 성실하게 공부해야 한다. 중학교 때 배운 것이 기초가 되기 때문에 중학교 시절부터 성실하게 공부한 학생들은 그만큼 더 쉽게 시험 준비를 할 수 있다. 전체 내용을 열심히 공부하고 그것들을 잘 정리해서 자기의 것으로 만들어 기억을 해야 하고 기본적인 개념과 원리를 응용해서 어려운 문제에 적응할 수 있어야 한다.

1점, 2점의 차이란 그런 긴 시간 동안의 성실한 노력을 반영하는 것이다. 1점을 더 따기 위해 애쓴 힘겨운 노력을 생각한다면 1점의 차이를 의미 없는 것으로 매도할 수 없다.

시험을 잘 본다는 것은 단순히 머리가 좋거나 지적인 능력이 뛰어나다는 것을 의미하지 않는다. 시험을 잘 보기 위해서는 선생님의 가르침을 잘 받아들여야 한다. 그리고 이해가 안 되는 것은 선생님에게 다시 질문할 수 있어야 한다. 즉, 뛰어난 의사소통 능력을 가지고 있어야 한다. 모르는 것을 인정하고 배우려는 겸손함이 갖춰져야 함은 말할 필요도 없다.

배우고 있는 여러 과목들의 교재들을 잘 정리할 수 있는 능력이 있어야 하고, 중요도에 따라 그것들을 수시로 꺼내서 복습할 수 있는 정성이 있어야 한다. 하고 싶은 일이 있더라도 시험을 위해 뒤로 미뤄둘 수 있는 자제력이 있어야 하고, 삶에서 어떤 것이 더 중요한지에 대한 판단력이 있어야 한다. 친구들과 원만한 관계를 가지는 것이 공부에 큰 도움이 되는 것도 당연한 일이다.

결론적으로 말해서 시험을 잘 보기 위해서는 '좋은 태도'를 가지고 있어야 한다. 그리고 우리 사회에서 필요로 하는 사람들도 이런 태도를 가진 사람들이다.

시험을 통해 선발하는 것은 '단순히 성적만으로' 선발하는 것이 아니라는 사실을 많은 사람들이 제대로 인식하지 못하고 있다. 공부는 하는데 성적이 잘 오르지 않는 학생들을 만나면 나는 항상 이런 점을 우선적으로 짚어본다. 공부에 대한 이야기보다 주변의 사람들과 좋은 관계를 맺으면서 성실하고 성취감 있는 삶을 살아가고 있는지부터 먼저 따져본다.

많은 경우 공부의 문제는 단순히 공부의 문제가 아니라 삶을 대하는 태도의 문제인 경우가 많다. 선생님과의 관계, 학부모와의 관계, 친구들과의 관계, 미래에 대한 기대, 공부에 대한 이해 등에서 적절한 태도를 가지게 되면 성적 문제는 자연스럽게 해결되는 경우가 많다.

따라서 주입식 교육을 타파하겠다는 명목 아래 '공부를 잘하는 것'이 삶에 대한 좋은 태도와 직접적으로 연관되어 있다는 사실을 외면하고, 가장 객관적이고 타당성 있는 '시험제도'를 허물어버리려는 지금의 입시정책은 반드시 재고되어야 한다.

평가는 단순하게,
제도는 쉽게

앞서 계속 언급했듯이 우리는 '교육을 통한 상승에의 열망'을 지닌 민족이며, 그 열망의 힘으로 역사를 발전시켜왔다. 교육을 중시했던 역사는 가까이로는 조선시대로 거슬러 올라가며, 왕조차 교육에서 자유로울 수 없었던 제도와 문화가 모든 국민이 공부를 중시하는 나라를 만들었다. "도학을 국가 이념으로 채택"한 "조선은 세계와 인간의 본성에 대한 새로운 견해에 기초하여 건국"되어 "정치 공동체 구성원 모두가 자신을 수양하는 커다란 학교"로 운영되었고(김영수, 『건국의 정치』, 이학사, 2006, 780쪽) 이런 전통은 일제시대와 전쟁을 겪으면서도 그대로 이어졌으며, '누구나 열심히 공부하면 지금보다 더 나은 삶을 살 수 있다'는 열망은 '한강의 기적'을 만들어냈다.

따라서 우리의 이러한 '교육열'은 하루아침에 나타난 것도 아니고 비정상적인 것도 아니다. 그것은 우리의 긴 역사를 통해 면면히 이어져 내려오는 전통이다. '교육을 통한 상승에의 열망'은 전 세계가 인정하는 우리의 가장 강력한 무기이며 힘이다. 오히려 우리들 자신은 지나친 교육열의 부작용 때문에 그것의 진정한 의미와 가치를 제대로 인식하지 못하고 있지만 말이다.

물론 지나친 교육열의 부작용도 존재한다. 단순히 남들보다 더 좋은 대학에 가야 하고, 더 좋은 직장에 취직해야 하고, 더 많은 돈을 벌어 부자가 되어야 하고, 더 높은 지위에 올라 남들의 존경을 받아야 한다는 목적으로 우리 자녀들을 '경쟁의 쳇바퀴' 속에 몰아넣는 것은 분명 좋은 일이 아니다. 우리의 교육열에도 이런 요소는 분명히 존재한다.

하지만 자녀에게 양질의 교육을 시켜야 한다는 교육열은 그 자체로 긍정적인 것이다. 심지어 부적절한 목적을 가지고 자녀들을 교육하더라도 교육은 청소년들이 우리 사회에 잘 적응하고 좋은 사람이 될 수 있도록 하는 내용으로 구성되어 있기 때문에 오히려 좋은 결과를 가져올 수 있다. 오바마 대통령이 지적한 대로, "학교에서 우수함을 키울 수 있도록 하는" 교육은 그것 자체로 매우 소중하다.

우리 자녀가 좋은 삶을 살기 위해서는 우선 우리 사회에 대해서, 사람에 대해서 잘 알아야 한다. 잘 알아야 바르게 행동할 수 있기 때문이다. 많이 알게 되면(智), 잘 행할 수 있고(德, Virtue는 그리스어로 arete인데, 어떤 일을 잘하는 것을 의미한다), 그럴 때에 행복을 얻을 수 있다는 소크라테스의 '지덕복 합일설'을 체득하고 있었던 우리의 부모들은 많은 노력과 희생을 통해 '우수한 인재'들을 길러낸 역사적 전통을 가지고 있다.

'교육을 통한 상승에의 열망'을 통해 우리 한국인들은 전통과 기반이 없는 새로운 영역에서조차 위대한 인물들을 배출해냈다. 세계적인 지휘자 정명훈은 그의 어머니 이원숙 씨의 교육을 통해 탄생했다.

그녀는 교편을 잡고 있었는데 자녀들의 음악적인 재능을 발견하고는 이를 길러주기 위해 명동에 음식점을 차렸고 급기야 남편과 7남매를 데리고 미국 시애틀로 건너갔다. 정명훈에 따르면 그녀는 자녀들이 피아노를 싫어하면 "음악이 싫어서가 아니라 악기가 안 맞을지도 모른다는 생각을 하고 다른 악기를 가져다 붙이는" 방식으로 교육을 했다(『신동아』, 2004년 2월호).

위대한 '정트리오'는 어떤 문화적인 전통이 쌓여서 탄생한 것이 아니다. 척박한 서양 음악의 토대에서도 위대한 '정트리오'를 길러낸 것은 바로 부모의 '교육을 통한 상승에의 열망'이었다.

우리가 도저히 꿈도 꾸지 못했던 피겨 스케이팅에서 세계를 재패한 김연아도 마찬가지이다. 세계 10대 신문 중 하나인「인터내셔널 헤럴드 트리뷴」지는 2009년 3월 9일 '피겨 퀸' 김연아의 어머니 박미희 씨를 언급하며 한국 부모들의 헌신적인 교육열을 소개했다.

박 씨는 그녀 자신의 수기에서 "연아는 내 전공이었다"고 말하며, "나는 학창시절의 어느 때보다도 열심히 연아에 대해 공부했고 연애할 때보다도 뜨겁게 연아에게 헌신했다"고 말했다. 그녀는 "김연아가 스케이팅에 소질이 있다는 말을 처음으로 들은 12년 전부터 김연아를 뛰어난 피겨 선수로 만들기 위해 모든 것을 희생했다." 그녀는 "자신의 회화 교습도 포기하고 모임에 나가는 것도 그만뒀으며 매주같이 김연아를 스케이팅 레슨에 데려가 훈련 과정을 체크했"고, "남편의 생일을 잊고 다른 아이들의 졸업식에도 불참할 정도로 김연아에게만 몰두했다." 그녀는 "연아의 재능 계발을 돕는 것은 내 운명"이라며 "내 딸은 곧 나 자신이므로 이는 결국 나를 위한 것"이라고 말했다.

외국 언론은 한국 부모의 이러한 헌신을 '거의 강박관념 수준'이라고 평했지만, 교육에 대한 '강박관념' 혹은 '집착'에 가까운 부모의 열정이 없었다면 우리는 올림픽 금메달로 세계를 놀라게 한 그 아름다운 김연아의 연기를 끝내 볼 수 없었을 것이고, 한국인에게 그런 놀라운 가능성이 있다는 것도 알 수 없었을 것이다.

2010년 동계 올림픽에서 동양인으로서는 불가능한 영역이라고 간주되어온 스피드 스케이팅에서 금메달을 딴 모태범과 이상화 역시 마찬가지이다.

모 선수의 아버지는 "일찍부터 자신에게 맞는 적성과 소질을 찾고자 운동을 시켜보았"고, 초등학교 3학년 때 "오전 4시 반에 일어나 오전 5시부터 2시간 반 동안 진행되는 아들의 훈련에 하루도 거르지 않고 함께 갔다"고 한다. 또한 매일 "아들이 그날 작성한 훈련일지를 함께 살펴보며 '어떤 부분을 고쳐야 하는지' '어떤 부분을 더 훈련해야 하는지'를 얘기했다"고 한다. 그리고 고등학교 때에는 "아들이 스케이트를 타는 '재미'뿐 아니라 스케이트를 타는 '목적'을 잃지 않도록 노력을 기울였다"고 한다.

이상화의 아버지는 "생활패턴을 딸에게 맞추었고" 매일 오전 5시에 종합운동장에서 하는 딸의 근력운동 모습을 지켜보고 오전 7시에 훈련이 끝나면 학교로, 수업이 끝난 후에는 다시 운동장으로 데려다주었다. "운동뿐 아니라 학업에도 신경"을 쓰도록 했고, "적어도 최소한의 기본소양은 길러야 한다고 생각"해서 독서를 하도록 격려했고 어학에 대한 능력을 기르도록 노력하기도 했다 (「동아일보」, 2010년 3월 2일).

이렇듯 부모들의 '교육을 통한 상승에의 열망'은 낯선 영역에서도 우리의 능력을 확대해주고 가능성을 열어주었다. 식민지와 전쟁의 폐허에서 오늘날 세계 최고의 IT강국으로 성장하게 된 것도 바로 이런 열망 때문이었다는 것을 부정할 사람은 별로 없을 것이다. 경제 성장과 더불어 정치적 민주화를 가져온 것도 바로 이런 열망의 자연스러운 결과였다.

나는 어릴 적부터 "한국에서 민주주의가 꽃피길 기다리는 것은 쓰레기통에서 장미가 꽃피기를 기다리는 것과 같다"는 미국의 언론인 칼 토머스 로언의 경멸 어린 말을 여러 번 들은 적이 있다. 우리나라 사람들은 민주주의를 할 능력도 없고 독재에 순응하는 수동적인 사람들이며, 결국 경제성장도 개발독재와 그에 복종한 국민들이 만들어낸 것에 불과하다는 패배적인 생각에 나 역시 물들어 있었다.

그러나 대학생, 지식인, 각성된 시민 들의 참여와 희생을 바탕으로 우리에게 불가능할 것만 같았던 민주화도 결국 이 땅에 꽃피게 되었다. 민주화가 가능했던 것도 역시 교육을 통해 각성된 시민들의 참여와 비판 때문이었다.

1987년 대통령 직선제를 외치며 광장으로 쏟아져 나온 대학생들에게 박수와 갈채를 보내며 전투경찰을 꾸짖던 '넥타이 부대'의 감동적인 모습을 지금도 잊을 수 없다. 그간 경제성장 일선에서 거대한 기계의 부품처럼 묵묵히 주어진 일에만 매진해온 그들이었지만 그들은 이미 민주주의에 대한 깊은 인식과 열망을 교육을 통해 체화하고 있었던 것이다.

요컨대, 우리는 폐허 속에서 오직 교육에 대한 열망으로 오늘의 위대한 발전을 이룩하고야 말았다. 그런데 이러한 교육에 대한 열정은 어디에서 온 것일까?

나는 그것이 우리의 긴 역사적 경험을 통해 형성된 것이라고 생각한다. 심리학자 칼 융의 표현을 빌면 교육을 통한 상승에의 열망은 우리의 '집단무의식(Collective Unconscious)'이다. 교육을 통한 상승에의 열망은 긴 역사적 경험과 전통을 가지며 의식되지 않은 채 우리를 지배하고 있는 가장 기본적이고 강렬한 본능이다. 이 열망이 때로는 부정적인 모습으로 나타나기도 하지만 지금의 모습으로 우리 사회를 만들어주었고, 그 어떤 사회보다 더 활력 있는 사회를 유지하도록 해주었다.

하지만 지금의 교육정책과 입시제도는 그런 '상승에의 열망'을 꺾어버리는 방향으로 진행되고 있다. 부모가 아무리 자녀교육에 관심을 기울이더라도, 김연아 모태범 이상화의 부모처럼 새벽부터 일어나 함께 공부하더라도, 좋은 대학에 진학하는 일이 이전보다 더 힘들어지고 비용은 더욱 증가하고 있다.

이는 우리의 욕망이 더 커졌기 때문이 아니다. 사실 우리는 달라진 것이 별로 없다. 다만 교육정책, 입시제도가 더 복잡해지고 어려워졌을 뿐이다. 수시, 정시, 입학사정관, 논술, 적성평가, 내신, 수능, 일반전형, 특별전형 등 도무지 정신을 차릴 수 없는 제도들이 우리를 혼란스럽게 만들고 있다. 교육의 전문가가 아닌 일반인들이 이런 제도들의 의미를 잘 파악해 자녀교육에 적용하는 것은 결코 쉬운 일이 아니다. 그래서 잘 모르고 '당하는' 일들이 자주 벌어진다.

예를 들어 김대중 정부에서 이해찬 장관은 '한 가지만 잘해도 대학에 갈 수 있도록 하겠다'는 입시의 방향을 예고했다. 많은 학생들과 부모들이 그 말을 순진하게 믿고 공부에 소홀했다가 '당하고' 말았다. '한 가지만 잘해도 대학에 갈 수' 있는 일은 결국 일어나지 않았다.

교육현장을 제대로 이해하지 못해 이런 정책이 등장하기도 하고, 정파적인 이익을 위해 진실을 숨기는 천박한 의미의 '정치적 판단' 때문에 이런 정책들이 등장하기도 한다. 하지만 이런 잘못된 정책에 대해 누군가 책임을 지는 경우는 없다. 결국 '당하는' 것은 교육의 당사자들인 학생과 학부모들이다.

사실 학부모들은 현실 교육의 현장에 있기 때문에 이미 잘못된 교육정책을 어느 정도 직감적으로 알고 있다. 많은 정책들이 그저 '헛발질'에 불과하다는 것을 바로 느끼고 답답해한다. 하지만 교육정책의 의미와 방향에 대해 이제는 단순한 '감각' 이상의 구체적인 지식을 가져야 할 정도로 상황이 나빠졌다.

큰 도로들이 잘 정비되어 길을 찾는 것이 쉬운 도시가 있는가 하면 복잡한 미로처럼 길이 얽혀 있어 도무지 길을 찾기가 힘든 도시도 있다. 지금의 교육제도는 후자의 경우이다. 그래서 낯선 방문자들은 길을 잘못 들어서 엉뚱한 곳으로 가버릴 수 있다.

예를 들어 지금 수능 문제의 가장 큰 특징은 '자료제시형'이다. 제시된 낯선 자료를 해석하거나 요약하고 추론해 답을 찾는 방식이다. 이전 세대가 고전을 달달 외워 치르던 시험과 다르기 때문에 새로운 방법이 있을 것이라 생각한다. 학생들도 한 문장 한 문장 꼼꼼히 해석할 필요가 없고 전체적인 맥락을 파악하는 연습만을 한다. 하지만 문장을 정확히 해석하려면 그 문장에 나오는 기본 개념에 대한 일정한 지식이 있어야 하고, 단어와 숙어, 문법을 알고 있어야 한다.

그러나 시험제도를 표피적으로만 이해한 학생들은 기본을 강조하는 이런 공부법을 싫어한다. 힘이 들고 시간이 많이 소비되기 때문이다. 그래서 결국 시험이 조금만 어려워지면 실수를 범하고 만다. 하나의 문장을 열 번 철저히 반복하고 암기하는 것이 열 개의 문장을 대충 한 번 훑어보는 것보다 더 나은 공부라는 우리 윗세대들이 해온, 우리를 선진국으로 만들어준 교육방식이 여전히 유효하다는 것에 대한 이해가 없기 때문이다.

고전보다는 새롭고 낯선 문장들만 시험에 출제하는 천박한 시험제도도 문제지만 결국 그런 시험도 제대로 대비하기 위해서는 고전을 반복해서 읽혀야 한다는 이해가 없으면 잘못된 방식으로 자녀를 교육할 가능성이 높다.

복잡하고 어려운 교육정책, 입시제도는 기본에 충실한 제도로 다시 단순화되어야 한다. 전문가들의 도움이 필요한 복잡한 제도에서 학생 스스로 공부할 수 있는 제도로 변화되어야 한다. 좋은 선생의 지도로 성적이 오르는 시험이 아니라 학생이 밤새도록 읽고 풀어서 성적이 오를 수 있는 시험이 되어야 한다. 학부모가 많은 돈으로 비싼 과외선생을 붙여 학생을 도울 수 있는 것이 아니라, 이상화와 모태범의 부모처럼 일찍 일어나 연습장에 함께 가 힘들게 하는 훈련을 애처로운 마음으로 바라보는 것 정도의 도움으로도 성공할 수 있는 입시제도가 되어야 한다. 이것은 어려운 일이 아니다. 당장 수능의 국어와 영어 시험에서 출제 범위만이라도 정확히 지정해주면 가능한 일이다.

한때 '공부가 가장 쉬웠어요'라는 말이 히트를 친 적이 있다. '막노동꾼 출신 서울대 수석합격자 이야기'라는 카피를 달고 베스트셀러가 된 책 제목이기도 하다. 이 말에 부모님들은 고개를 끄덕이고, 학생들은 분개(?)했을 것이다. 하지만 이 말도 이제 '옛말'이 되어버렸다. 단칸방 앉은뱅이책상에서 죽어라 교과서만 파도 과외선생 딸린 부잣집 아이를 이길 수 있던 세상은 이제 영영 사라져버렸기 때문이다.

요즘은 공부가 가장 어렵다. 배울 게 더 많아졌기 때문이 아니다. '창의적 인재 육성'이라는 명목 하에 대학에 들어갈 수 있는 방법을 너무나 복잡하고 어렵게 만들어놨기 때문이다. 과외선생 없이 교과서와 참고서는 밤을 새워 외우고 공부할 수 있어도, 그 복잡하고 다양한 입시제도는 결코 파악할 수 없는 게 현재 대한민국의 교육현실이다.

따라서 우리 모두 교육문제에 '각성된 시민'이 되어, 잘못돼도 한참 잘못된 교육정책을 바로잡기 위해 노력해야 한다. '열심히 공부하면 원하는 대학에 갈 수 있고, 원하는 직업을 가질 수 있는' 지극히 상식적이고 단순한 진리를 다시금 되찾아오는 데 온 힘을 기울여야 한다. 그것이 우리 아이들을 위하는 길이며, 교육에서의 빈익빈부익부를 없애는 유일한 방법이다.

CHAPTER 02

사교육 조장하는 나라

교육정책,
돌팔이 의사가 내린 처방

교육문제는 병으로 말하면 만성질환이나 고질병에 해당한다. 많은 사회적인 문제들처럼 단기간에 해결되기 힘든 복잡한 문제이기 때문이다. 이런 복잡한 질병을 단번에 해결하겠다고 많은 의사들이 매달려봤지만 치료는커녕 만지면 만질수록 상처가 오히려 덧나기만 했다.

고질병은 시간을 두고 천천히 치료해야 한다. 당장 해야 할 응급처방도 필요하겠지만 병의 원인을 잘 찾아 조심스럽게 접근해야 한다. 그렇지 않으면 상처는 오히려 더 커지고 합병증이 생길 수도 있다. 임상 경험이 풍부한 전문의들이 오랜 기간을 두고 천천히 조심스럽게 치료해야 할 질병에 전문적인 지식과 소양이 없는 돌팔이 의사들이 뛰어들어 자신이 가지고 있는 얄팍한 지식을 시험해본다면 환자를 더 큰 고통에 빠뜨릴 수밖에 없다.

내가 무슨 의사는 아니지만 이 정도의 상식은 누구나 가지고 있다. 그런데 참 놀라운 것은 이런 상식이 정부의 교육정책에서는 보이지 않는다는 사실이다. 교육정책에 관한 한 기본적인 상식과 방향이 없는 한심한 경우가 많다. 역대 대통령들의 교육에 대한 언급과 정책들만 살펴보더라도 이런 점이 명백히 드러난다.

김대중 전 대통령은 취임사에서 교육개혁을 '핵심적인 과제'로 말하고 '획기적인 개선책'을 내놓겠다고 했다.

> …… 교육개혁은 오늘날 우리 사회가 안고 있는 산적한 문제를 해결하는 핵심적인 과제입니다. 대학입시제도를 획기적으로 개선하고 능력 위주의 사회를 만들겠습니다. 청소년들은 과외로부터 해방되고 학부모들은 과중한 사교육비로부터 벗어나게 하겠습니다. 지식과 인격과 체력을 똑같이 중요시하는 지·덕·체의 전인교육을 실현시키겠습니다. 이러한 교육개혁은 만난을 무릅쓰고라도 반드시 성취하겠다는 것을 저는 이 자리를 빌려 굳게 다짐합니다.

교육에 대해 이 얼마나 명료하고 분명한 발언인가? 이 말을 그대로 믿는다면 전인교육을 열심히 시행해서 소수 중요 과목 위주의 입시에서 탈피하는 교육을 하겠다는 말이 된다. 학교의 수업을 정상화하겠다는 방향의 교육개혁 방안을 분명히 밝힌 것이다.

하지만 이후의 교육개혁 방안은 그 반대의 길을 갔다. 학교를 무시하고 '학벌'과 '능력'을 구분하고 학벌에 대한 불신을 바탕으로 학벌이 아닌 또 다른 능력을 우선시하는 정책을 폈다. 그리고 그 능력을 '신지식'이라 칭하고 많은 '신지식인'들을 탄생시켰다.

학교마다 '촌지를 받지 않습니다'라는 플래카드를 걸게 하고 정확한 교사의 수급도 조사하지 않은 채 정년을 65세에서 62세로 단축해 물의를 빚었다. 체벌을 금지하고 학교 현장에서 교육의 주체인 교사들을 적대시하는 정책을 폈다.

학벌에 대한 강한 불신을 가진 김대중 정부는 정확하고 공정한 입시제도를 만들기 위해 노력하기보다 경쟁을 완화 또는 은폐하는 방향의 제도들을 도입했다. 대학별 본고사를 폐지하고 논술과 다양한 전형을 도입하고 심지어 무시험 전형까지 약속했다. 그리고 '한 가지만 잘해도 대학에 갈 수 있도록 하겠다'는 방향을 밝히기도 했다.

취임사에서 지·덕·체의 전인교육을 만난을 무릅쓰고라도 반드시 성취하겠다고 약속했으면서 도리어 특성화 혹은 전문화 교육을 고등학교에 도입했다. 이때에 특성화 고등학교들이 우후죽순처럼 생겨났고 심지어 춤을 잘 추는 고등학생들을 '신지식인 고등학생'으로 선정하는 웃지 못할 일들이 교육현장에서 일어났다.

전인교육은 차치하고 '교실 붕괴', '학교 붕괴'가 시작되고 '무시험 전형'에 대한 기대로 공부하지 않다가 실패한 학생들이 스스로를 '이해찬 세대'라고 자조적으로 부르게 된 것이 바로 김대중 정부 하의 일이다. 이 시기에 중학교나 고등학교에 다닌 자녀나 조카가 있다면 그들을 잘 관찰해보라. 학교나 선생님들에 대한 이들의 태도가 이런 정책에 의해 얼마나 큰 영향을 받았는지 알 수 있을 것이다. 이 시기부터 학교와 선생님들은 정당한 권위마저 상실하고 패배주의에 젖어들기 시작했고 학생들의 태도는 더 나빠졌다.

결국 김대중 정부는 '과중한 사교육비로부터 벗어나게 하겠다'는 약속을 끝내 지키지 못했다. GDP 대비 사교육비 비중은 1998년 1.66퍼센트에서 김대중 대통령 말기인 2002년 1.96퍼센트로 증가했다. 그리고 입시계열 학원 수는 13,727개에서 19,857개로 증가했다.

김대중 정부의 교육정책 실패는 처음부터 교육에 대해 잘못된 견해를 갖고 출발했기 때문이다. 문제는 이런 견해를 지금도 많은 사람들이 가지고 있다는 것이다.

사실 김대중 전 대통령이 취임사에서 말한 대로만 했더라면 지금 우리 교육은 상당히 달라져 있을 것이다. 지금도 우리 교육은 충분히 '지덕체의 전인교육'으로 잘 구성되어 있다. 학생들은 국어와 영어, 수학뿐 아니라 음악, 미술, 체육, 사회, 과학, 기술 등 다양한 과목들을 학교에서 배운다. 그렇다면 무엇이 문제일까?

교육을 살리기 위해서는 공교육을 살리는 것이 필수적이고, 공교육을 살리기 위해서는 학교의 이런 전인교육을 살려야 한다. 학교에서의 전인교육을 강화하고 그것을 입시에 잘 반영하는 제도를 만들었더라면 지금과 같은 정도의 공교육 붕괴, 사교육 팽창현상은 일어나지 않았을 것이다.

학교에서 배우는 것이 시험에 나오지 않는데 어떻게 학교가 권위를 가질 것인가? 학교와 입시가 별개로 운영되는 것이 가장 큰 문제 중 하나라는 것을 제대로 인식하고 있는 교육당국자의 말을 들어본 적이 없다. 이 부분에 대해서는 뒤에서 또 상세히 논의할 것이다.

또한 김대중 대통령은 '능력 위주의 사회를 만들겠다'고 말했다. 하지만 이후의 정책들을 살펴보면 '학벌'과 '능력'을 구분하고 '학벌'에 대한 불신을 바탕으로 '학벌이 배제된 능력'에 초점을 둔 것임을 알 수 있다. 그리고 이런 식의 태도는 지금까지 이어지고 있다.

이런 태도는 공부가 무엇인가에 대한 기본적인 이해가 없는 상황에서 나타나는 것이다. 학교는 학생들에게 우리 사회가 요구하는 지식과 능력을 심어주는 교육을 한다. 이 교육을 성실하게 잘 이수한 학생들을 우리는 능력 있다고 평가하고 우리 사회에서 중요한 일들을 맡긴다. 많은 기업들이 우수한 대학 출신을 선발하려고 애쓰는 것도 이런 이유 때문이다. 물론 좋은 대학 출신이 반드시 우수한 인재가 아닐 수도 있다. 하지만 우선은 학창시절의 우수한 성적을 가능성의 기초로 인정하고 보는 것이다.

이런 기본적인 것을 무시하는 태도는 요즘도 많이 보인다. 입학사정관에 의한 전형이 대표적이다. 입학사정관제는 '잠재력'을 보겠다는 것이다. 그 '잠재력'이라는 단어에 지금 현재의 노력과 성과는 배제되어 있다.

교육정책의 기본방향에서부터의 혼란은 노무현 대통령 재임 시에도 반복된다. 노무현 전 대통령은 취임사에서 교육개혁에 대해 다음과 같이 간단하게 언급한다.

.... 이러한 국가목표에 부응할 수 있도록 교육도 혁신되어야 합니다. 우리 아이들이 입시지옥에서 벗어나 저마다의 소질과 창의력을 마음껏 발휘할 수 있게 해주어야 합니다.

노무현 대통령은 '입시지옥에서 벗어나 저마다의 소질과 창의력을 마음껏 발휘할 수 있게' 하겠다는 이상적인 목표를 제시했다. 하지만 구체적인 방안이 없는 단순히 이상적인 목표였다는 것이 곧 드러나게 된다.

노무현 대통령은 '교육혁신위원회'를 만들어 수월성(秀越性, Excellence)보다는 평등주의를 강조하는 방향의 정책을 제시했다. '서울대폐지론', '국립대 공동학위제', '자사고 확대안 백지화' 등의 정책들이 나왔고 수학능력시험에 대한 등급제가 실시되었다.

그러나 노무현 정부 5년간 사교육비는 김대중 정부 때보다 2배가 늘어 연평균 21조에 달하게 되었고, 조기 유학의 경우 1999년 1,839명의 15배인 2만 9,511명으로 늘어났다(2006년 기준). 이른바 '기러기 아빠' 문제가 심각한 사회 문제로 부각된 때가 바로 이 시절이었다. 2005년의 GDP 대비 사교육비 비중은 2.79퍼센트로 교육에서의 빈익빈부익부 현상이 심화되었다.

이런 현상이 나타난 것은 현실을 정직하게 인정하지 않았기 때문이다. 사회적인 경쟁은 분명히 존재한다. 경쟁이 존재한다면 공정한 경쟁이 되도록 해주고 누구나 노력해서 경쟁의 사다리를 한 계단씩 오를 수 있는 제도를 만들어주는 것이 우선적인 과제이다. 그러나 노무현 정부의 교육정책 담당자들은 '경쟁 자체'를 부정하려고 했다. 그 대표적인 정책이 '등급제'이다. 그러나 그 등급제가 오히려 노무현 정부 교육정책의 발목을 잡았다. 사교육을 잡으려고 도입한 등급제가 오히려 사교육비를 급증시켰다. 그 이유에 대해서는 앞으로 상세하게 설명할 것이다.

경제위기 탈출이라는 시급한 요구에 따라 등장한 이명박 대통령은 취임사에서 이전의 정부와는 조금 다른 진단을 내놓았다.

> ········ 교육개혁은 무엇보다 시급합니다. 획일적 관치교육, 폐쇄적 입시교육에서 벗어나야 합니다. 글로벌 스탠더드를 받아들이고 교육현장에 자율과 창의 그리고 경쟁의 숨결을 불어넣어야 합니다. 학교유형을 다양화하고 교사들의 경쟁력을 높이는 데 주력하겠습니다. 그래야 공교육이 정상화되고, 사교육 열풍이 잦아들게 됩니다. 학생들의 적성과 창의력이 살아납니다.

이명박 대통령은 교육이 피폐한 원인을 '획일적 관치교육'에서 찾고, 2008년 1월 2일 대통령직 인수위원회의 업무보고에서 "대학입시 관련 업무를 대교협 및 전문대교협 등 대학협의체로 이양하기로 했으며 이에 따라 대학의 학생선발, 학사운영 관련 기능 등 업무는 사실상 폐지될 전망"이라고 밝히며 사실상 교육부 폐지를 시사했다. 그리고 '자율과 창의', '경쟁의 숨결'을 강조하며 교육에 대한 대대적인 개방과 자율화를 시사했다.

그러나 '교육인적자원부'는 '교육과학기술부'로 개편되어 존속되면서 오히려 확대 강화되었고, '자율'이 아니라 사교육에 대한 대대적인 억압과 공교육 강화의 방향으로 선회해버렸다. 학원의 야간 교습 시간을 10시로 제한하고 전국 457개의 학교를 '사교육 없는 학교'로 지정해 연간 1억 3천만 원씩 총 600억 원을 지원하기로 하고 점차 확대할 것이라고 발표했다.

이런 정책은 그간 사적인 영역으로 간주되었던 방과후 보충수업에 대해 정부가 그 비용의 일부를 떠맡겠다는 일종의 '좌파적' 정책으로 이명박 정부가 애초에 취했던 우파적인 '자율', '개방'과는 거리가 먼 정책이다. 오히려 김대중 정부와 노무현 정부에서 이런 정책을 시행했더라면 상식적인 방향성에 맞았을 것이다.

이명박 정부는 자율형 고등학교를 만들고 일제고사를 실시하는 등 한편에서는 '자율과 경쟁'을 유도하고, 다른 한편에서는 방과후 학교의 교육비 일부를 정부에서 부담하는 등 사적인 비용을 공적으로 떠넘기는 정책을 실시하는 이율배반적인 태도를 취하고 있다. 이런 혼란스러운 과정에서 이제는 사교육비뿐 아니라 공교육의 비용까지 급증하는 상황이 벌어지고 있다.

이 정도만 살펴보더라도 우리의 교육정책이 얼마나 기본적인 방향 없이 '돌팔이 의사의 처방'처럼 이루어져왔는지 알 수 있을 것이다. 그러는 사이에 상처는 더욱 덧나고 깊어졌으며 고통은 더욱 커져만 갔다.

2009년 4월 교육문제가 사회적인 문제로 부각되었지만 교과부에서 뚜렷한 해결책을 내놓지 못하자 이명박 대통령은 "사교육을 잡는다고 해도 우리 딸도 안 믿는다"는 말로 장관을 질타했다. 대통령은 똑똑한 딸을 둔 것 같다. 그녀의 말은 오래된 질병을 치료하겠다는 돌팔이들에게 속을 대로 속아 이제는 더 이상 어떤 의사도 믿지 않게 된 환자의 회의와 불신을 그대로 보여주고 있다. 이제는 사교육을 잡을 능력이 있다고 생각하기는커녕, '사교육을 잡는다'는 그 말 자체의 진정성도 믿지 않게 되었다.

점점 나아가기는커녕 만지면 만질수록 덧나는 고질병이 있다면 그 병은 더 근원적이고 복잡한 어떤 뿌리가 되는 '원인'을 가지고 있다는 것을 의미한다. 그리고 그 질병의 상태를 있는 그대로 정직하게 인정하고, 고통스럽지만 같이 더불어 살며 오랜 시간을 두고 원인을 찾아가며 치료해야 한다.

그러나 우리는 그 병을 인정하려고 하지도 않았고, 시간을 두고 천천히 조심스럽게 치료하려고 하지도 않았다. '병을 낫게 하려면 병을 자랑하고 다녀라'는 세간의 상식처럼 많은 사람들의 지혜를 빌려 그 병을 치료해야 하는데 그런 시도도 하지 않았다.

이런 오래되고 깊은 교육병에 대한 돌팔이 의사들의 사람 잡는 치료가 최근에도 벌어졌다. 2009년에 있었던 '사교육과의 전쟁'이 그것이다.

우리 부모들도 2009년의 소동을 기억하고 있을 것이다. 12시까지 학원에서 공부하다 오던 자녀가 갑자기 10시가 조금 넘어서 집으로 돌아오고, 공부할 곳이 없어서 다시 독서실로 가야 했던 일 말이다. 학교에서 강제로 자율학습(이 말도 참 웃긴다. '강제'와 '자율'이 함께 있으니 말이다)을 시켜서 10시 이후에야 학원에서 보충수업을 받아왔는데, 이제 그럴 수가 없어 주말반으로 옮기거나 과외방으로 보내거나 과외 선생님을 집으로 불러야 했던 일도 있었을 것이다.

2009년의 '사교육과의 전쟁'을 경험하면서 나는 이대로 있어서는 안 되겠다는 생각을 하게 되었다. 당시 사교육 현장에 있던 내가 경제적인 손해를 입은 것은 없었다. 하지만 이런 돌팔이들의 행진이 계속된다면 교육은 더욱 황폐화될 것이라는 생각이 들었다.

정부에서 연일 발표하는 사교육 경감책은 사실 사교육에 새로운 시장을 열어주는 것들이었다. 교육현장에 기반을 두지 않은 정책들이 쏟아져 나오고, 학생과 학부모들은 실험대상이 되고, 새롭고 복잡하고 어려운 정책들 때문에 또다시 교육컨설팅 업체를 찾게 되고, 그래서 공교육은 점점 그 기반을 잃어가는 일이 벌어지고 있는 것이 지금의 현실이다. 그리고 이런 혼란을 가중시킨 것은 2009년 '사교육과의 전쟁'이었다. 이 '사교육과의 전쟁'은 우리 교육의 문제점들을 여실히 보여주는 전형적인 사건이면서 지금의 교육정책의 방향을 잡은 중요한 사건이었다. 그 사건으로 들어가 보자.

교과부는 '사교육부'인가?

2009년 4월 24일 대통령 직속 미래기획위원회 곽승준 위원장은 "사교육비 개혁 정책의 하나로 학원의 오후 10시 이후 심야교습을 원천적으로 금지하는 법과 제도를 만들겠다"는 말로 이른바 '사교육과의 전쟁'의 선전포고를 갑작스럽게 했다. 이때까지 '미래기획위원회'가 있다는 사실을 알고 있었던 사람은 별로 없었다. 나도 이런 위원회가 있다는 사실을 이때 처음 알았다.

그는 '경찰력까지 동원하는 제도적 규정'을 만들어 학원에 대해 '여름방학부터 대대적인 단속에 나설 것'임을 밝혔고, 국회의 도움을 받아 학원 심야수업 금지에 대한 '의원입법'을 추진하겠다고 밝혔다. 그가 말하는 심야는 10시였다. 학원에서는 10시 이후에 수업을 하지 말라는 것이다. 초등학생이라면 10시는 심야가 맞다. 하지만 고등학생에게 10시가 심야라면 의견이 분분할 것이다. 어쨌든 10시 이후에도 학생들이 잠을 자지 않는 것은 학원 때문이며 학원의 시간을 규제하면 학생들은 10시에 잠을 자고 사교육비가 줄어들 것이라는 주장이었다(그 주장에 따라 학원 교습시간을 규제한 지 2년이 지난 최근 질병관리본부의 발표에 따르면 청소년들의 주중 평균 수면시간은 중학생 7.1시간, 일반계 고등학생 5.5시간, 특성화계 고등학생 6.3시간이며, 수면시간이 8시간 미만인 경우는 각각 74.8퍼센트, 97.7퍼센트, 89.8퍼센트로 절대적으로 부족한 것으로 조사 발표되었다. 「국민일보」, 2011년 12월 12일).

이어 그는 불법교습 신고 포상제(일명 '학파라치')를 도입하고, 세무조사를 시행하는 등 대치동, 목동, 중계동 등 '학원가 빅3'를 대상으로 대대적인 단속을 예고했다. 그리고 외고 입시에서 수학과 과학에 대한 내신 가중치 폐지를 천명하고 '사교육과의 처절한 전쟁'을 펼치겠다는 각오를 밝히기도 했다.

며칠 새 많은 논쟁이 일어났다. 이명박 정부가 천명한 자율의 원칙과도 맞지 않을뿐더러 학원 수업시간을 규제할 때 나타날 수 있는 부작용들이 하나 둘이 아니기 때문이다. 그러나 그는 "학원가에서 반대를 해도 1천만 이상의 학부모와 학생들이 우리 편에 있기 때문에 가능할 것"이라고 말하며, "교육과학기술부, 한나라당이 같이 오랫동안 준비를 했다"고 설명한 뒤 "교과부에서 부작용을 없애기 위해 정교하게 준비를 하고 있다"며 "2~3주 내에 발표할 수 있을 것"이라고 말했다.

그러나 그의 확언처럼 학생과 학부모가 과연 교과부의 편일까? 나는 결코 그렇게 생각하지 않는다. 그건 내가 사교육에 몸담고 있기 때문이 아니다. 사교육은 이제 우리의 삶에 깊이 뿌리를 내렸다. 우선은 그 현상을 '인정'하는 것에서부터 정책이 시작되어야 한다. 사교육이 '병'이라면, 병을 인정하는 것에서부터 치료는 시작된다. 병을 부정하거나 뿌리째 뽑을 수 있다는 태도는 오만하기 그지없는 태도가 아닐 수 없다. 학생과 학부모, 교사들, 사교육 담당자들은 모두 이런 점을 알고 있다. 이것이 그들이 매일 경험하는 현실의 일부이기 때문이다. 교육정책 담당자들만 이런 현실을 인정하지 않는다. 여기에서부터 문제는 시작된다.

나는 20여 년간 사교육에 종사해왔지만 지나친 사교육의 팽창과 사교육비의 상승에 대해서는 염려하는 입장이다. 내 주변에는 사교육뿐만 아니라 공교육에 종사하는 사람들도 많다. 내 아버지는 빈손으로 학교를 만들어 평생 그 학교 하나를 잘 운영해보려고 많은 고생을 하신 사학재단의 설립자였고, 내 형은 지금 그 학교의 교장이다. 내 처제들도 교사들이다. 나는 공교육이 중심이 되고 사교육은 보조가 되어야 한다는 입장을 가지고 있다. 학생들은 우선적으로 공교육을 통해 충분한 교육 서비스를 받아야 한다. 사교육은 그 다음이다.

문제의 중심은 사실 사교육에 있는 것이 아니라 공교육에 있다. 공교육이 교육의 수요를 적절히 흡수하면 사교육은 줄어들 수밖에 없다. 그런데 교육정책 담당자들은 항상 시선을 사교육으로 돌린다. 학생과 학부모들이 무엇을 요구하는지 학교가 먼저 파악해야 한다. 그리고 그 수요에 즉각적으로 대응해야 한다.

교육 수요가 분명히 존재하기 때문에 사교육은 발 빠르게 그 수요에 대응하는 공급을 제공한다. 하지만 '덩치 크고 느린' 공교육은 손을 놓고 방관하고 있다. 그러고는 사교육을 억압하면 사교육이 줄어들 것이라는 식의 잘못된 전제를 가지고 출발을 한다. 그러므로 '사교육과의 전쟁'은 처음부터 패배할 수밖에 없는 전쟁이었다.

2009년 4월 27일 국회 교과위 한나라당 이군현 의원이 "이명박 정부의 국정철학 자체가 기본적으로 규제완화에 있는데 밤 10시 이후에 학원 수업을 못하도록 규제하는 것이 과연 MB철학, 정부철학에 맞느냐"라고 급제동을 걸었다. 그리고 안병만 교과부 장관이 "지금 교과부에서 실무자 수준으로 대화하는 도중인데 준비 절차 없이 성공할 부분이 아니다"라고 학원규제에 대해 선을 그었고, "잘못하면 옛날 전두환 대통령 시절처럼 그냥 정책을 내놓고 강압하는 식으로 돌아갈 위험이 있다"고까지 언급하며 "앞으로 (곽 위원장이 발표를) 자제할 것으로 믿는다"고 일침을 놓았다.

한나라당 홍준표 원내대표마저 4월 28일 원내 대책회의에서 "자문기관의 장에 불과한 사람이 언론에 나타나 마치 집행기관인 것처럼 대통령에게 보고하지도 않고 자기 생각을 이야기해 혼선을 빚는 것은 옳지 않다"며 곽승준 위원장은 "자기 분수를 알라"고 강하게 질타했다. 그리고 임태희 정책위원장이 "설마 대통령이 10시까지만 학원을 하라고 했겠느냐"는 발언을 하고, 실제로 대통령이 4월 29일 수석회의에서 "곽승준 위원장 나서지 말라"고 지시를 하자 사태가 원점으로 돌아가는 듯했고, 곽 위원장은 사교육과의 전쟁을 시작하지도 못한 채 장렬히 전사한 듯했다. 결국 5월 18일 정부와 한나라당은 학원 심야교습에 대한 획일적인 규제를 하지 않기로 결정했다.

그 사이에 어떤 일들이 있었는지, 소강상태에 접어들었던 학원 심야교습 등 사교육에 대한 논쟁은 6월 24일 이명박 대통령이 사교육비 절감을 위한 제도 개선에 소극적인 교과부 장관을 질타하고 고강도 대책을 주문하면서 다시 불씨가 살아났다.

이 대통령은 "학원이 세기는 센 모양"이라는 원색적인 언급을 하며 "사교육을 탈피할 수 있도록 점수 위주 교육에서 벗어나야 한다"고 하며 "서울대 등 국립대도 성장 위주의 선발보다는 현행보다 지역과 계층별 할당을 더욱 높여 다양한 계층의 학생들에게 기회가 돌아갈 수 있도록 하는 게 바람직하다"며 계층과 지역을 배려한 대입 전형 확대를 주문한다.

바로 그 당일부터 각 지역 교육청에서는 10시 이후 학원 수업에 대한 대대적인 단속이 시작되었다. 정말 '사교육과의 전쟁'이 시작된 것이다.

7월 8일에는 교육 개혁가라 자처하며 대통령직 인수위부터 교육계를 뒤흔들었고, 후에 교과부 장관이 된 이주호 교과부 차관이 직접 학원 단속 현장에 나타나 진두지휘하는 모습까지 보였다. 그는 "관내 학교는 148개인데 학원이 5,556개라고 한다. 세상이 부조리하다고 본다"고 안타까워했고, 강남 교육장에게 "국민이 정부의 사교육 대책을 아직 못 믿고 있다. 이번에 포상금제를 시행하고 보조 단속요원을 투입하는 만큼 서민들 허리가 더는 휘지 않게 해주길 바란다"고 주문했다. 또한 학원 교습시간 제한이 음성적인 시장을 키워 사교육비 지출을 더 늘리게 될 것이라는 지적에 대해서는 "음성 교습은 돈이 엄청나게 드는데 그렇게까지 할 부모는 극히 일부에 불과할 것"이라며 강한 자신감을 보였다.

이런 사태를 보면서 우선 우리가 느끼는 점은 '혼란스럽다'는 것이다. 교육정책처럼 어렵고 민감한 사안에 대해서 중구난방의 사태가 벌어지고 있기 때문이다. 교육은 '백년지대계(百年之大計)'이다. 백년을 내다보고 정책을 만들어야 할 만큼 중요한 것이다. 그런데 이 '사교육과의 전쟁' 사건은 우리나라 교육정책 수립이 얼마나 단기적인 시각에서 성급하게 이루어지고 있는지 단적으로 드러난 일이었다. 게다가 현상에 접근하는 방식이 '현실'에 뿌리를 두고 있지도 못하고 있었다.

학원의 수업시간은 시도 조례로 제한되어 있다. 서울은 10시, 경기도는 11시, 인천은 12시 등 각 지역마다 제한시간이 다르다. 대부분의 학원들은 10시 이후에 수업이 그렇게 많지 않다. 영어유치원, 초중학생 특목고 대비 대형학원, 어학원 등은 사실 10시 시간 규제와 아무런 상관이 없고, 주로 고등학생을 대상으로 하는 학원들만 영향을 받게 되어 있다. 그리고 목동이나 강남 등 학생과 학부모의 발언권이 센 지역에서는 학교에서 야간자습을 강제하기 힘들기 때문에 10시 규제가 사실상 큰 의미가 없다.

군소학원들에서는 10시 이후에 학생들이 자습을 하거나 시험 대비를 하게 되는데 이런 경우 추가적인 수업료를 징수하는 경우는 거의 없다. 단속이 있던 시점이 시험 기간이었는데, 그냥 집으로 가라고 하니 학생들이 반발하는 경우도 많았다. 질문을 해야 하는데 질문을 할 수도 없고 공부를 하기 위해 다시 독서실을 찾아야 하기 때문이다. 이런 상황인데 어떤 학생 어떤 학부모가 원하는 정책이라는 건지 도무지 알 수 없는 일이다. 이처럼 정책 담당자들이 현실 파악을 제대로 하지 못하고 있는 경우가 많다.

〈사교육과의 전쟁을 주제로 한 정책 토론회 포스터〉

'사교육과의 전쟁'의 교육개혁안이 구체적으로 모습을 나타낸 것은 6월 26일 한나라당 여의도연구소 주최로 열린 '사교육과의 전쟁 어떻게 이길 것인가'라는 토론회에서였다. 토론회장에는 죽이는 병사는 '교육 개혁가들', 죽는 적군은 '사교육'이라는 것을 보여주는 치열한 전쟁의 장면이 담긴 포스터가 붙었다.

나는 이 포스터에 낭떠러지로 떨어지는 병사들에게 왜 '사교육'이라는 친절한 설명을 붙였는지 생각해보았다. 사교육이 '중산층과 서민경제를 위협하는' 것임을 전제로 하는 토론회이기 때문에 사교육이 학생과 학부모를 죽이고 있다는 느낌이 들 수도 있다는 생각에서 친절하게도 죽는 병사들에게 '사교육'이라고 표시해둔 것 같다. 사실 사교육이 학생과 학부모들을 '죽이고' 있는 것은 아님을 그들도 알고 있어서 이런 오해를 피하기 위한 것임에 틀림없다.

이 토론회에서 한국교육연구소 부소장 안선회가 '중산층·서민의 학습복지를 위한 사교육비 경감 7대 긴급 대책안'을 발표했는데 그 내용은 오른쪽의 표와 같다.

이 '긴급 대책안'을 보고 나서 '사교육과의 전쟁'이 얼마나 졸속으로 이루어진 것인지 알 수 있었다. 이 주장들은 죄다 기존에 나왔거나 시행해본 제도들로 언뜻 살펴보더라도 문제가 나타날 수 있는, 깊은 연구나 논의 없이 조급하게 이루어진 개인적인 견해에 불과하다. 여기에서 제시된 주장들을 시행하면 오히려 사교육은 이익을 보게 된다.

외국어고등학교나 과학고등학교 입시에서 입시 전형에 포함되

대책	주요 내용	문제점
고교입학전형 선진화	• 외고 입시에 외국어/국어(사회)만 내신 반영 • 과학고 입시에 수학/과학만 내신 반영 • 자율형 사립고 선지원 후추첨으로 선발 (학생부 심사 및 지원 자격 제한 등 금지)	• 특정 과목 부담 증가 • 수월성의 문제
대입전형 선진화	• 고1 성적 내신 반영 배제 • 수시는 내신 및 논술 중심, 정시는 수능 중심 • 내신9등급제를 5등급제 절대평가로 개선 • 예체능계는 영어/수학, 인문계는 수학, 자연계는 영어 반영 비율 축소	• 내신 반영을 배제하면 고2 선행학습 및 수능학원 등장 • 등급간 격차 확대로 문제점 발생 • 특정 소수 과목 부담 증가
학원교습시간 제한	• 전국의 학원 운영시간을 9시나 10시로 규제(초등생은 9시)	• 야간자습 후 추가 보충 필요한 학생들은 과외를 해야 함
교원평가제도 제도화	• 인센티브 제공 확대, 연수 학습 기회 제공 • 부적격 교원 대책 내실화	• 인센티브제는 학교의 학원화 초래 가능
예체능 특성화학교 확대	• 권역별로 예체능 특성화학교인 '예체능교과중점학교' 지정	• 전인교육 체제와 배치, 예고 초과 공급의 문제
방과후학교 영어 무상교육 추진	• 초중생 대상 방과후학교 영어 무상교육 단계별 실시	• 교육재정 증가의 문제
EBS 학습지원 확충	• 초중생을 위한 별도 사이트 구축 • 학교 베스트 현장 강의 제공	• EBS의 본질적 문제점 도외시(온라인 강의의 한계, 기존 다른 온라인 강의와 경쟁 문제)

는 과목을 줄이면 특정 과목에 대한 비중이 더욱 커져 그 과목에 대한 사교육이 더욱 증가하게 된다. 그러므로 사교육비 총량에는 아무런 영향을 미치지 못한다. 고1의 내신 성적을 입시에 반영하지

않으면 학원들은 시험에 대한 부담 없이 더 편하게 고등학교 2학년 과목들에 대한 선행학습을 할 것이다. 등급제 역시 불안감을 증폭시켜 사교육을 증가시키는 제도이다.

10시에 학원 문을 닫게 하면 10시 이후에 수업을 들어야 하는 학생들은 어디로 가야 할까? 10시 이후에 합법적으로 수업을 할 수 있는 것은 개인 과외밖에 없다. 그러므로 개인 과외가 증가하는 것은 당연한 일이다. 개인 과외 비용은 학원 수업료보다 더 비싸다. 아니나 다를까. 그해 7월에서 8월까지 과외방이 5,595개나 증가했다. 이는 교육부의 발표이다.

학원은 시장경제에서 하나의 공급자에 불과하다. 수요가 존재하는 곳에 공급이 존재한다. 그렇다면 왜 그런 수요가 존재하는지에 대한 조사와 연구와 토론이 먼저 이루어져야 한다. 학원비가 많이 든다고 학원 시간을 제한한다면 어떤 식으로든 그 수요가 다른 곳으로 분출되는 '풍선효과'가 나타날 수밖에 없다.

교과부의 8월 13일 발표에 따르면, 7월 포상금 제도 시행 이후 학원은 41퍼센트(305건), 교습소는 123퍼센트(678건), 개인 과외 교습자는 무려 329퍼센트(5,595건)나 증가했다. 발 빠른 강사들은 이미 강남 일대에 개인 과외방을 차리기 시작했다. 수요가 있는 곳에 공급이 존재한다는 가장 기본적인 원칙을 무시하고 수요의 존재 자체를 부정하면 그 어떤 해결책도 나올 수 없다.

전쟁을 하려면 적을 먼저 알아야 하는 것은 상식이다. '사교육과의 전쟁'을 하려면 그 선봉에 선 사람들이 학원을 알아야만 한다. 그들이 단속 현장에는 나타났지만, 학원 현장에 나타나 학생들과 학부모들이 왜 그렇게 학원을 찾는지 알아보려고 진지한 노력을 기울였다는 말은 들어본 적이 없다. 왜 그렇게 많은 돈을 써가며 학생과 학부모들이 학원을 찾을 수밖에 없는지 그 절박한 심정을 헤아리려고 노력하지는 않고 무조건 학원만 단속하는 것은, 낫지 않는 질병 때문에 절박하게 이 병원 저 병원 찾아다니는 사람들에게 병원비가 많이 드니 병원에 가는 횟수를 제한하겠다고 으름장을 놓는 것과 다를 바 없다.

그들은 먼저 학원에서 어떤 일들이 이루어지는지를 알기 위해 노력해야 했다. 그리고 늦은 밤 학생들과 씨름하는 학원의 열정을 어떻게 학교로 가지고 올 수 있을지를 고민해야 했다.

인수위에서 이주호 의원은 "원어민 보조교사와 방과후학교에만 의존하는 현재 영어 공교육 체제로는 연간 14조 원에 달하는 영어 사교육비를 줄이는 것이 도저히 불가능하다는 게 인수위가 내린 결론"이라며 "2010년부터 영어 공교육을 강화하기 위해 영어교과서, 교과과정, 교원 인사제도 등 영어와 관련된 모든 교육시스템을 바꿀 계획"이라고 말했다. 그리고 '영어는 영어로 가르치기(TEE: Teaching English in English)', 즉 '영어몰입식 교육'을 실시하겠다고 발표해 관련 사교육 기업들의 주가 폭등과 영어유치원 열풍을 일으켰다. 나의 아내도 이때 나의 반대에도 불구하고 어린 딸을 영어유치원에 등록했다.

심지어 운전기사의 자리까지 교육 전문가로 충원했다는 전문가들의 작품이 고작 이런 것이란 말인가? 그들이 조금이라도 교육현장으로 나가서 현황을 파악하고 학생, 학부모, 교사, 학원강사의 의견을 수렴했더라면 이런 실수는 없었을 것이다.

인수위는 '인수'하는 기구이지 모든 정책을 결정하는 기구가 아니다. 그런데 성과를 내야 한다는 조급함이 이런 설익은 정책을 쏟아내게 하고 오렌지를 '아뤈지'라고 적으면 영어 문제가 해결된다는 식의 코미디를 연출하면서 불신만을 자초하게 되었다.

학원 시간 규제에 대한 이런 소동에 대해 2009년 7월 7일 김문수 경기도 지사는 평화방송과의 인터뷰에서 "과외 단속한다고 난리인데, 과외를 어떻게 다 단속하겠는가? 공부 안 하는 학생들을 단속해야지 왜 공부하겠다는 학생들을 단속하려는가. 사람들을 마구 잡아가던 전두환 대통령 때도 못했던 일을 촛불도 못 끄는 이명박 대통령께서 어떻게 단속하겠는가?"라고 하며, "안 되는 이야기를 자꾸 하시는데 소위 헛발질이라고 한다. 안 되는 일을 자꾸 하다 보면 정부의 권위가 떨어지고 자꾸 실패하면 다른 정책에도 영향을 미치게 된다"고 말했다.

김문수 지사는 '헛발질'을 하고 있는 사태를 잘 지적했지만 그보다 그 '헛발질'의 영향을 잘 지적한 것 같다. 새로운 교육정책이 발표될 때마다 또 저러다 말겠지 하며 그 정책의 적실성도 진정성도 신뢰하지 않게 된 현상은 이런 '헛발질'이 반복되고 있기 때문이다.

이렇듯 좌충우돌하는 교육정책의 논란을 보면서 나는 이대로 있어서는 안 되겠다는 생각을 했다. 내가 비록 '사교육과의 전쟁'을 통해 경제적인 피해를 본 것은 없고 10시에 퇴근할 수 있어서 '삶의 질'은 향상되었지만 우리 사회 전체가 잘못된 전제로 인한 잘못된 정책 때문에 혼란에 빠지는 상황을 두고 볼 수만은 없다는 생각이 들었다.

그래서 나는 사교육비 급증의 원인은 학원이 아니며, 학원의 시간을 규제하게 되면 과외와 같은 다른 사교육이 급증하는 풍선효과가 나타날 것이고 사교육이 팽창한 것은 정부의 성급한 교육정책과 빈번한 입시제도 개편, 사교육에 의존할 수밖에 없게끔 하는 시험제도 때문이라는 장문의 글을 곳곳에 올리기 시작했다.

청와대 홈페이지, 한나라당 홈페이지, 미래기획위원회 홈페이지, 김문수 도지사 미니홈피, 박근혜 한나라당 전 대표 미니홈피, 교육부 홈페이지, 교육과 연관된 국회의원과 정치인들의 홈페이지 등등 내가 생각할 수 있는 모든 곳에 글을 올렸다. 그 글은 '학원장이 본 사교육비 증가의 원인'이라는 제목이었는데 이 책의 내용을 전체적으로 요약하는 글이라고 할 수 있다. 하지만 나의 글을 제대로 읽고 답해주는 사람은 별로 없었다. 학원에 대한 규제에 화가 난 '이익집단' 구성원의 의견이라고 생각하고 읽어보지도 않았을 것이다.

비록 사교육에 종사하고 있지만 나는 정부가 또다시 현장을 잘 모르는 잘못된 진단에 기반을 둔 부적절한 정책으로 사교육비를 급등시킬 정책을 내놓는다는 생각에 가슴이 답답했다. 이런 마음은 지금도 마찬가지이다.

최근 들어 정부는 2014년 수능에서 탐구영역의 응시 가능 과목수를 2과목으로 축소할 계획을 세웠다. 4과목에서 3과목으로, 다시 2과목으로 줄어들게 된 것이다. 학생들의 공부에 대한 부담을 줄여준다는 명목에서이다. 그러나 과목이 축소될수록 국어, 영어, 수학에 대한 의존도가 심화되고 사교육은 더욱 증가한다는 것을 그들은 잘 모르고 있다. 전인교육 체제로 되어 있는 고등학교 교육도 파행을 면치 못하게 될 것이다. 앞에서 말한 국가영어능력평가시험은 더 말할 필요도 없다. 사교육이 뻔히 증가할 이런 정책들이 어떤 제지도 받지 않고 시행된다는 것은 참으로 이상하고도 놀라운 일이다. 교육당국이 눈을 감고 귀를 막고 일을 하고 있지 않는 이상 이럴 수는 없다.

학원장이 사교육 감소 방안에 대해 이야기하니 그 진정성을 의심하는 사람도 있었을 것이고, 학원업자나 강사들을 '악의 축'으로 생각하는 사람들도 있었을 것이다. 하지만 당시 나는 무슨 업자라고 불리기엔 부끄럽게 스무 명 남짓한 학생들을 데리고 밤낮 공부하는 '서당 훈장' 같은 존재였다. 오히려 이렇게 작은 학원에서 학생들과 더불어 절박한 공부의 문제를 해결하다 보면 자연스럽게 학생의 입장에서, 학부모의 입장에서 복잡한 교육정책과 입시제도의 문제점들을 파악할 수 있게 된다.

지금 우리 교육정책 담당자들에게 필요한 덕목이 바로 이런 것이다. 사교육비 감소가 가장 중요한 정책목표라면 교육정책 담당자들이 사교육 현장에서 더불어 살아봐야 한다. 아니, 더불어 살지는 못하는 상황이라면 적어도 다양한 사교육 현장의 의견을 청취해야 한다. 하지만 그들은 그렇게 하지 않는다. 적을 제대로 알지도 못하면서 싸움을 하고 있는 것이다.

2009년의 '사교육과의 전쟁'은 학교 현장에 사교육을 불러들여

'사교육하는 학교'로 만들어버린 점, 몇몇 정치인들이 이 과정에서 자신을 홍보할 수 있었던 점, 정부가 서민의 가계를 걱정한다는 생색을 내고 교육에서 공적인 영역을 더욱 확대한 점, 그래서 사교육비를 감소시킨다는 명목으로 국민의 혈세가 투입되는 공적인 비용을 증가시킨 점 외에 큰 성과 없이 끝나버렸다. 그리고 지금도 그 연장선상에서 여러 정책들이 실효성 없이 이루어지고 있다.

교육정책도 정치의 큰 틀 속에서 이루어지는 것이지만 교육정책만은 '일회성 쇼'처럼 다뤄져서는 안 된다. 저급한 정치적 관점에서 교육을 정치적 목적달성을 위한 수단으로 삼기에는 교육이 너무나 중요하기 때문이다.

공적인 교육에 대해 긴 시간을 거친 공적인 토론과 연구 없이 '일회성 쇼' 같은 정책을 쏟아낸 결과 정부의 교육정책은 오히려 사교육을 도와주는 꼴이 되고 말았다. 이제는 '교과부'가 아니라 '사교육부'로 그 명칭을 바꾸는 것이 더 맞을지도 모른다.

교육 전문가들이 하는 '헛발질'은 허공에 하는 헛발질이 아니다. 그것은 학생과 학부모들의 엉덩이를 걷어차는 헛발질이다. 그들에게 한용운의 「나룻배와 행인」을 차용한 시를 전하고 싶다.

나는 학생
당신은 교육 전문가.

당신은 흙발로 나를 짓밟습니다.
나는 당신이 만든 정책으로 시험을 준비합니다.

나는 당신의 정책이 좋으나 나쁘나 허둥지둥 준비합니다.

당신이 만든 정책 때문에 나는 바람을 쐬고 눈비를 맞으며
밤에서 낮까지 또다시 공부해야 합니다.
당신은 정책만 던지고 나를 돌아보지도 않고 가십니다그려.
그러나 당신이 또 언제든지 오실 줄만은 알아요.
나는 당신 때문에 날마다 날마다 낡아갑니다.

나는 학생
당신은 교육 전문가.

경쟁 없는 세상을 꿈꾸라니?

앞서 이야기했듯이 교육 전문가란 사람들이 내놓는 정책들이 모두 현실을 반영하지 않은 실효성 없고 뜬구름 잡는 이야기들뿐이니 때로는 학부모들이 더 교육 전문가처럼 느껴질 때가 많다. 실제로 학부모들을 만나서 이야기해보면 오히려 정책 연구가들보다 더 정확하고 정직하게 현실을 인식하고 있다는 느낌이 든다.

그런 학부모들과 교육현장에 있는 교사와 학생 모두 입을 모아 '뜬구름 정책'이라 말하는 것이 바로 '경쟁 은폐 정책'이다. 오래된 질병의 상처가 그저 덮어놓는다고 사라지지 않고, 뼈가 부러졌는데 진통제를 먹는다고 낫는 것이 아니듯이 있는 현실을 없는 것으로 호도한다 해서 그 현실이 사라지는 것은 아니다.

경쟁이 존재하는 것은 분명한 사실이다. 좋은 성적을 받고 싶고, 좋은 대학에 입학하고 싶고, 좋은 직장에 취직하고 싶은 욕망은 분명히 존재한다. 이런 욕망 자체를 나쁜 것으로 매도할 수는 없다. 경쟁이란 모든 사회에 존재하는 보편적인 현상이다. 물론 각각의 사회가 처한 상황에 따라 경쟁의 종류가 다르고 그 정도가 다를 수는 있다. 하지만 경쟁이 존재한다는 사실 자체를 부정할 수는 없다.

특히 우리나라처럼 대학에 가려는 욕구가 왕성하고 어떤 대학을 나왔는가가 직장을 좌우하고, 직장과 직업이 그 사람의 신분과 경제적 상황 등 많은 것들을 결정짓는 나라에서 경쟁의 존재 자체를 부정한다면 그것은 현실과 동떨어질 수밖에 없는 견해이다. 경쟁의 부작용을 말하고 경쟁의 부정적인 면을 말하기에 앞서 우선 경쟁의 존재 자체를 인정해야 한다.

최근 들어 교육 개혁가들은 분명히 존재하는 경쟁을 마치 없는 듯 호도하려는 방식의 정책을 펴왔다. 그리고 이런 방식은 오히려 사태를 더욱 악화시켜왔다. 그것은 진실을 외면하는 것이기 때문이다. 아무리 부끄러운 병이라도 병의 존재를 분명히 인정하고 드러내는 것이 치료의 출발점이다. 환자가 의사 앞에서 병을 드러내지 않고 숨긴다면 결코 좋은 처방이 나올 수 없다.

존재하는 경쟁을 분명히 인정한다면 다음 문제는 그 경쟁을 숨기는 것이 아니라 '공정한 경쟁'이 되도록 하는 일이다. 돈이 있든 없든, 강남에 살든 강북에 살든, 서울에 살든 지방에 살든 스스로의 노력으로 경쟁의 사다리를 오를 수 있는 제도를 만들려고 애써야 한다. 하지만 우리의 교육정책 담당자들은 이런 일을 하기보다 오히려 경쟁 자체를 없는 것으로 숨기기에 급급했다.

김대중 정부에서 이해찬 장관이 1998년 발표한 대학입시 개선안이 그 대표적인 사례이다. 수능, 본고사 중심의 대학입시선발과정에서 본고사를 폐지하고 논술을 도입하고 내신제 대신 선택전형자료(수능, 논술, 내신, 실기)를 중심으로 각 대학마다 입시전형을 자율화, 다양화하겠다는 내용이었다.

내신 제도를 종합생활기록부제로 전환하고 전형자료의 활용방법을 학과에 맞게 다양화해서 공부의 부담을 줄이겠다고 하며, 자율학습, 0교시 수업, 보충수업 등을 폐지하고 사설모의고사를 폐지해 학생들의 공부 부담을 줄이겠다고 공언했다. "한 가지만 잘해도 대학에 갈 수 있도록 하겠다"며 다양한 특기 적성 교육을 강조했다. 이는 수능이나 본고사를 통해 학생들의 성적이 백일하에 드러나자 성적으로 학생들을 줄 세워서는 안 된다는 취지에 따른 조치였다.

사실 지금의 복잡한 입시제도는 이때부터 시작되었다. 그런데 입학전형 방법을 다양화한다고 해서 경쟁 자체가 완화된다는 것은 참으로 해괴한 논리이다. 100명 정원인 대학에 1,000명이 한 줄로 서서 입학하면 10대 1의 경쟁이 된다. 그런데 100명 정원인 대학에 1,000명을 10줄로 세우면 경쟁률이 줄어드는가? 여전히 경쟁률은 10대 1이다.

하나의 길을 통해 대학에 진학할 때에는 모든 사람들이 그 길이 어떤 길인지 잘 알고 줄을 설 수 있었다. 그러나 성적으로 줄 세우는 것은 문제라는 비판 하에 이제는 여러 방식으로 줄을 세우고 있다. 그래서 이제는 사람들이 어떤 길로 가야 하는지조차 알 수 없는 상황이 되어버렸다. 사람들은 이제 전문가의 도움 없이는 대학에 가는 길을 찾을 수 없게 되어버렸고 그래서 그 비용을 감당할 수 있는 사람들에게만 유리한 제도가 되고 말았다.

대학의 정원은 제한되어 있고 입학하려는 학생들은 많은 상황에서 교육과정을 잘 이수했는지에 대한 평가는 불가피하다. 그리고 그 평가는 단순할수록 부작용이 적다. 본고사나 수능의 줄 세우기를 피하기 위해 도입된 다양한 전형방식은 오히려 수험생의 부담만 가중시키고 학부모들의 허리를 더 휘게 만들고 있다. 내신, 수능, 논술, 입학사정관, 수시모집 등의 다양한 전형방법은 사교육의 도움 없이 학생 스스로 대학입시를 준비하는 것이 불가능한 상황으로 만들고 있다.

대학 진학을 위해 해야 할 공부와 준비는 오히려 더 많아졌는데 학교는 학생들에게 제대로 된 도움을 주지 못하고 있다. 한 가지만 잘해도 대학에 갈 수 있다는 식으로 특기 적성 교육을 강조하고 봉사활동을 강조해 학생들의 부담을 증가시켰다. 0교시 수업, 보충수업을 없애 학교에서는 오히려 공부시간 자체가 단축되었다. 공부를 강조하는 것은 좋은 일이 아니라 이제는 나쁜 일로 여겨지게 되었다. 촌지고발센터를 설치하고 교사들의 정년을 단축하고 체벌금지로 경찰이 학교에 출동하는 일마저 생기자 교권은 더욱 땅에 떨어졌다. 그리고 이때부터 학교는 정상적인 기능을 포기하는 상태에 이르렀다.

분명히 존재하는 경쟁을 보이지 않는 것으로 호도하기 위해 경쟁의 방식을 다양화하고 혼란스럽게 하자 학원과 사교육에 대한 의존이 증가했다. 경쟁의 방식을 다양화한 이 시점부터 학원의 수와 사교육비는 획기적으로 증가한다. 예전의 학부모들이 단순한 입시제도 하에서 유명한 교재를 어떻게 자녀들에게 효율적으로 공부하도록 할 것인가를 고민했다면, 지금의 학부모들은 도대체 대학에 가는 방법이 무엇인지부터 고민을 시작해야 한다. 그리고 문제 유형이 무엇인지, 어떤 교재를 사용해야 할지에 대해서조차 고민해야 할 상황이 되었고, 학생이 공부를 하고 있더라도 어느 정도의 수준에 이르렀는지 평가하는 것도 어려운 지경에 이르렀다. 이런 일은 경쟁을 완화하기 위해 경쟁을 더 복잡하게 만든 정책의 결과였다.

김대중 정부와 노무현 정부는 고등학교에서 모의고사를 보지 못하도록 제한했다. 1년에 3회 내지 4회 정도 교육청과 교육과정평가원 등에서 실시하는 모의고사 외에는 사설 모의고사를 보지 못하게 제한한 것이다. 현재 자신의 실력에 대해 수시로 평가해야 하는 고3의 경우 그 이전에는 사설 학원에서 실시하는 사설 모의고사를 매월 1회 내지 2회씩 보고 자신의 객관적인 위치를 평가해왔다. 고1, 2의 경우에도 두 달에 한 번 정도는 사설 모의고사를 실시해 객관적인 실력을 평가해왔다. 그런데 이럴 경우 시험에 대한 부담이 생길 수 있고 성적이 낮은 학생들의 불안감을 조성해 사교육이 늘어날 수 있다는 판단 하에 시험을 못 보도록 제한한 것이다.

이런 식의 조치는 아직까지 이어지고 있다. 2010년 새롭게 취임한 곽노현 서울시 교육감은 학생들의 시험 부담을 줄여주는 취지에서 사설 모의고사를 전면 금지하고 고등학교 1, 2학년 학생이 치르는 연합학력평가를 2011년부터 연 4회에서 2회로 줄이겠다고 밝혔다.

이런 상황은 학생과 학부모들이 성적에 대해 둔감하게 만든다. 시험이 없으니 자신의 실력에 대한 평가의 계기가 없어진 것은 당연하다. 학교 시험에서 성적이 잘 안 나와도 잠깐 공부를 열심히 하지 않아서 그럴 거라고 낙관하고, 수능만 잘 보면 좋은 대학에 갈 수 있다고 생각하는 학생들이 많아졌다. 거의 모든 고등학생들이 고3이 되어 모의고사를 몇 번 치를 때까지 자신의 위치를 제대로 파악하지 못하는 상황이 벌어지고 있는 것이다. 결국 대학에 갈 수 있는 학생이든 없는 학생이든 상위권 대학에 갈 수 있을 것이라는 막연한 기대를 가지고 고3까지 사교육을 받는다.

고3이 되어 3월 첫 모의고사를 보면 지속적인 모의고사를 통해 성적을 관리하지 않은 학생들은 충격을 받는다. 하지만 그것은 한 번의 실수라고 생각한다. 그러나 두 번째 모의고사를 보면 비로소 현실을 직시하게 된다. 그래서 그들은 또다시 미친 듯이 사교육 시장으로 달려간다.

5월이나 모의수능을 보는 6월이 되면 학원에는 고3 학생들의 문의가 폭주하고 과외 수업에 대한 요청이 급증하게 된다. 발등에 불이 떨어지고 나서야 상황의 심각성을 느끼게 되니 사교육에 대한 요구가 더욱 강해질 수밖에 없는 것은 자명한 일이다. 이런 일을 당하지 않으려면 정부의 시험폐지 정책과 반대로 움직일 수밖에 없다. 지속적으로 모의고사를 봐서 학생의 실력을 정확히 평가하고 현실적인 목표를 정해야 적절한 수준의 교육을 할 수 있기 때문이다.

시험을 보지 않는다고 경쟁이 없어지는 것이 아니다. 경쟁이 존재한다는 것을 분명히 인정하고 그 경쟁에서 학생들의 정확한 위치를 알려주어야 한다. 우리가 학교에서 가르치고 수능을 통해 그 실력을 점검하는 교육의 내용은 부정적인 것들이 아니다. 그것을 열심히 공부하도록 하는 것은 학생들을 좋은 방향으로 이끌기 위해 꼭 필요한 일이다.

시험에서 좋은 성적을 얻는 만큼 실력이 좋아진 것이다. 그리고 실력이 좋아진 학생이 많을수록 우리 사회는 실력 있는 사람들로 가득한 사회가 된다. 시험을 적절하게 봐서 실력에 대한 점검을 지속적으로 하게 되면 오히려 사교육비가 감소할 수도 있다. 시험을 통해 자신이 할 수 있는 것과 할 수 없는 것을 정확하게 판단하고 갈 수 있는 대학을 예측할 수 있어 자기 수준에 맞는 교육을 받을 것이기 때문이다. 그러므로 적절한 시험은 긍정적인 것으로 생각해야 한다.

그런데 시험의 이런 긍정적인 면을 부정하고 폐지하려는 교육개혁가들이 존재하는 한 현실과 동떨어진 기형적인 제도들만 생겨나고 오히려 사교육비는 더 증가하게 된다. 자신의 실력을 미리부터 정확히 알고 대비하는 것과 고3이 될 때까지 모르고 있는 것은 천지차이이기 때문이다.

2009년 '사교육과의 전쟁'을 주도한 담당자들의 태도도 이와 유사하다. 그들은 고등학교 1학년의 내신은 아예 배제하자는 주장을 펼쳤다. 그러면 고등학교 1학년들의 사교육비가 감소할 것 같은가? 학원들은 시험 기간만 되면 전쟁터가 된다. 시험을 못 보게 되면 학생들이 학원을 그만두기 때문이다. 그래서 시험 기간이 되면 학원은 밤늦게까지 학생들을 데리고 몸부림을 친다. 어떻게든 학생들을 붙잡아두기 위해 최선의 노력을 다하는 것이다. 그런 부담이 없어진다면 고등학교 1학년들을 데리고 고등학교 2학년, 3학년 과정을 더 즐겁고 편안하게 선행학습시킬 것이다.

또한 그들은 내신의 등급을 9등급에서 5등급으로 완화하자고 주장했다. 열심히 노력해서 좋은 성적을 얻은 학생과 그렇지 않은 학생의 차이를 완화시키는 것이 공정한 경쟁인가 하는 문제는 미뤄두더라도, 학생들이 등급선에 걸려 등급이 낮아질까 더 전전긍긍하게 되고 그래서 다시 사교육을 찾게 된다는 것을 그들은 알지 못한다.

2008년 수능부터 수능 등급제가 실시되었다. 원점수와 심지어 표준점수도 공개하지 않고 단지 등급만을 공개하겠다는 어처구니 없는 제도였다. 과목별 표준점수와 백분위점수를 공개하던 이전과 다르게 등급만을 공개하는 제도였다. 상위 4퍼센트까지는 1등급, 그 이후 7퍼센트까지는 2등급, 이후 12퍼센트까지는 3등급, 이후 17퍼센트까지는 4등급, 이후 20퍼센트, 17퍼센트, 12퍼센트, 7퍼센트, 4퍼센트 순으로 9등급까지 정하고 그 등급만을 발표하는 제도였다.

수험생을 대략 80만 명으로 잡으면 상위 4퍼센트인 약 3만여 명 이상은 1등급을 받고 그 다음 약 6만 명 정도는 같은 2등급을 받게 되는 결과가 나타난다. 등급제의 실시 취지는 학생들간의 치열한 경쟁과 대학의 서열화와 경쟁을 완화시키겠다는 것이다. 그러나 언어영역에서 대체로 원점수 추정치로 95점 정도, 외국어영역에서는 대략 92점 정도, 수리영역에서는 87점 정도의 점수에서 1등급과 2등급이 갈리게 되자 사교육이 줄어들기는커녕 더욱더 증가하는 현상이 벌어지게 되었다.

예를 들어 등급제가 시행되지 않는 경우 95점에서 한 문제 더 틀려서 92점이 되어 그 점수가 그대로 대학 진학에 반영되는 것은 큰 문제가 아닐 수 있다. 하지만 그것이 등급으로 전환되어 반영될 때 일반적으로 대학에서 1천 점 만점에 5점 이상의 차이가 나도록 반영해 차이가 크고 그로 인해 받는 심리적인 영향력은 상당하다.

이런 상황에서 한두 문제로 등급이 떨어지게 되면 엄청난 피해를 보기 때문에 심지어 최상위권 학생들까지 한두 문제를 틀리지 않기 위해 학원에 다녀야 하는 일이 벌어지게 되었다. 비교적 쉽게 나오는 외국어영역(영어)에서도 학원강사들이 최상위 외국어고 학생들을 대상으로 그룹 지도하는 것이 유행이 되었다. 어쩌다가 실수로 한두 문제 틀리는 학생들이었지만 혹시 추가적인 실수가 있을까 해서 마음을 놓지 못하는 상황이 된 것이다. 경쟁을 완화시키기 위해 도입된 등급제가 오히려 불안만을 가중시킨 결과가 되었다.

이런 상황은 지금도 마찬가지이다. 정부에서는 2011년 수능에서부터 문제를 쉽게 내겠다고 발표했다. 수시모집에서 합격을 하더라도 수능최저등급을 요구하는 대학들이 있기 때문에 이런 상황이라면 최상위권 학생들도 등급선에 걸리지 않도록 불안하게 노력을 해야 한다. 또한 최근 정부는 2014년부터 중고등학교의 내신을 상대평가에서 절대평가로 바꾸겠다고 갑작스레 발표했다. 이제는 등수마저 표기하지 않고 학업성취도를 6단계로 표시하겠다는 것이다. 이렇게 되면 학교 내신은 완전히 붕괴되어버릴 수도 있고 논술이나 면접 등의 다른 기준이 강화되어 학생들은 더 어렵게 입시를 준비해야 할 수도 있다.

경쟁을 완화시키기 위해 도입한 이런 정책들은 사실 경쟁을 부정하는 순진한 '평등주의'에서 등장한 것이다. 우리는 각자가 노력한 만큼 보상을 받는 자유시장경제 속에서 살고 있다. 최근 복지가 확대되어 자유시장경제의 불평등 구조를 완화하는 방향으로 국가정책이 나아가고 있지만 우리의 기본적인 틀은 경쟁을 존중하는 자유시장경제체제이다.

그러나 이전의 정부는 이런 경쟁을 순진하게 부정하고 교육에서도 수월성을 부정하는 '평등주의적 정책'을 시행했다. 그 대표적인 기구가 노무현 정부 때 만들어진 '교육혁신위원회'였다. 이 기구는 다양한 평등주의적 교육정책을 쏟아냈다. 수능 등급제뿐 아니라 '서울대폐지론', '국립대 공동학위제', '자사고 확대안 백지화' 등의 굵직굵직한 안들이 이 위원회에서 언급되었다.

심지어 교육혁신위원회의 최초 수능등급제는 2등급제였다고 한다. 즉, 수능에서 합격과 불합격만을 판가름하자는 것이다. 이렇게 되면 사교육이 감소할 것 같은가? 합격과 불합격의 2등급제를 실시한다면 불합격을 막기 위해 학생과 학부모들은 안간힘을 쓰며 사교육으로 달려갈 것이다. 수능에서 불합격했다는 오명은 지금 당장 망신일 뿐 아니라 평생 짊어지고 가야 할 부끄러움이기 때문이다.

결국 수능 1등급 기준으로 7퍼센트 안과 4퍼센트 안을 가지고 격렬한 논쟁이 있었고, 심지어 당시 안병영 교육 부총리가 7퍼센트 안이 관철될 경우 사직을 결심하고 사표까지 미리 제출한 상태에서 대통령의 결정을 기다렸다고 한다.

교과부의 권고에 따라 각 대학은 수능이나 내신에 따른 단순한 경쟁을 완화하기 위해 다양한 전형을 마련해 실시하고 있다. 현재 대학들이 실시하는 전형은 크게 일반전형과 특별전형으로 나뉘는데 특별전형만 해도 100여 가지가 넘는다. 대학별 독자 기준에 의한 전형, 특성화고교 전형, 취업자 전형, 산업대학 우선선발 전형, 농어촌 학생 특별전형, 전문계 고교 특별전형, 재외국민 외국인 특별전형, 특수교육 대상자 전형 등등 다양하다. 전형방법도 대학마다 다 달라서 학생부, 수능, 논술, 구술, 대학별 고사, 실기 고사, 특기자 자격증, 입상 증명, 교사 추천, 학업계획서 등 지원하려는 전형에 따라 제출해야 할 자료도 너무나 다양하다.

학생들은 내신과 수능을 위해 학원을 다녀야 하고 학부모들은 학교에 대한 정보를 구하기 위해 백방으로 뛰어다녀야 하는 것이다. 경쟁을 완화하기 위해 만들어진 복잡한 전형방법들이 오히려 학생과 학부모들을 고통스럽게 하고 비용을 증가시킨 것이다.

최근에는 이명박 대통령이 좋아하는 '입학사정관제'를 확대하기 위해 60개교에 350억 원의 교육예산을 지원한다는 예산안 발표가 있었다. 안병만 교과부 장관이 2009년 4월 14일 "교과부는 입학사정관제 전형 학생 수를 한꺼번에 많이 해서 도입하는 학교는 환영하지 않으며, 전체 학생의 10퍼센트 이상을 확보해 요란하게 해봐야 소용없다"고 말할 정도로 예산안 배정에 각 대학은 과열양상을 보이고 있다.

잠재력 있는 학생을 면접을 통해 선발한다는 취지는 공감할 수 있지만, 내신 성적이 역시 포함되고 면접에 대한 구체적인 자료를 준비해야 하고 면접 자체를 연습해야 하는 등 또 하나의 사교육 시장을 만들어주는 결과가 될 것이다. 이미 입학사정관 학원들이 생겼고 온라인 업체들도 입학사정관 강좌를 개설해두고 있다. 이제 학생들은 내신, 수능, 수시 대비, 논술, 면접에 입학사정관 입시까지 준비해야 하는 상황이 되었다.

이처럼 경쟁을 은폐하거나 완화시키려는 여러 정책들은 오히려 더욱 큰 혼란을 가져오고 사교육비 증대에 이바지해왔다. 이명박 대통령은 특목고를 증대시켜 특목고에 대한 사교육을 감소시키겠다는 대선 공약을 내걸었다. 그러나 외고나 특목고의 숫자를 증가시키면 지금처럼 상위권 학생들만 시험을 준비하는 것이 아니라 모든 초등학생, 중학생들이 특목고를 준비하게 될 것이다. 특목고에 가면 칭찬받는 상황에서 특목고에 못 가면 '등신' 취급받는 상황으로 바뀐다면 그 어떤 부모가 특목고 준비에 자녀를 몰아넣지 않겠는가? 평준화의 틀 속에서 기형적인 형태로 명문고가 된 특목고들이 존재하는 한 경쟁과 그에 따른 사교육 과열은 결코 피할 수 없는 일이다.

우리는 분명한 사실로서 존재하는 경쟁을 인정하는 바탕 위에서 교육정책을 재수립해야 한다. 사회에서의 치열한 경쟁을 완화시키는 것은 또 다른 차원에서의 이야기이다. 예를 들어 고졸자, 대졸자 간의 극심한 임금격차 혹은 직종간 임금격차를 완화하는 것은 다른 차원에서 노력해야 할 문제이다. 모든 학생들이 대학에 진학해야만 한다는 우리의 오래된 의식을 해소해나가는 것 또한 천천히 노력해야 할 일이다.

경쟁이 분명히 존재하는데 경쟁을 하지 말자고 한다든지, 경쟁의 방법을 복잡하게 만들어서 경쟁이 없는 것처럼 느껴지게 만든다든지 하는 식의 정책은 오히려 경쟁을 더 어렵고 복잡하게 만들 뿐이다. 결국 '가진 자'들만 성공할 수 있는 제도로 변질되고 말 것이다. 서민을 위한다는 김대중 정부와 노무현 정부에서 오히려 사교육비가 급증했다는 뼈아픈 교훈을 우리는 잊지 말아야 한다.

따라서 교육정책 담당자들이 해야 할 일은 있는 경쟁을 분명히 인정하고 어떻게 하면 노력하는 만큼 좋은 성적을 얻는 좋은 시험 제도를 만들 것인가, 어떻게 하면 사교육의 도움 없이도 스스로 공부할 수 있는 입시제도를 만들 것인가, 어떻게 하면 교육컨설팅 업체의 도움 없이 누구나 쉽게 접근할 수 있는 대학입시제도를 만들 것인가 하는 점이다. 그리고 그런 노력이 가시적인 성과를 볼 때까지는 당국의 경쟁 은폐 정책을 순진하게 그대로 믿어서는 안 된다.

자녀를 가진 부모라면 몇 달에 한 번이라도 모의고사를 통해 자녀의 실력을 확인하고 점검해야 실패를 막을 수 있음을 잊지 말아야 한다.

교과과정 개편, 한마디로 사기다

예전에 전철역에서 역무원과 심하게 다툰 적이 있다. 이상하게도 에스컬레이터의 오르고 내리는 방향을 한 번씩 바꾸는 것이었다. 무심코 평소에 가던 방향으로 가다가 넘어질 뻔한 적이 몇 번 있었다. 그래서 나는 역무원을 찾아가 왜 이렇게 하느냐고 항의를 했다. 그런데 황당하게도 그 역무원은 '왜 잘 보고 다니지 않느냐'고 오히려 나에게 언성을 높였다.

우리가 매일 걷는 길은 '조심하고', '살피고', '경계하고', '인식하고', '생각하고' 걷는 길이 아니다. 그것은 습관적으로 걷는 길이다. 매일 걷는 길까지 조심스럽게 살피며 걸어야 하는 세상은 정상적인 세상이 아니다. 그것은 예측 불가능한 세상이다. 예측 불가능한 세상은 우리를 불안하게 하고, 편안한 마음으로 정상적인 삶을 살아갈 수 없게 만든다.

　시민들이 일상적으로 걸어가는 길의 방향을 공무원이 자기 생각대로 바꾸어놓고 그것에 적응하라고 하는 것은 '폭력'이다. 그 공무원은 머리로 생각만 했지 '몸'으로 우리와 함께 살아가는 이웃이 아니다. 그런 공무원은 퇴출되는 것이 마땅하다.

　하지만 안타깝게도 우리나라 교육계에는 그런 정책 담당자들이 많이 있다. 에스컬레이터의 방향을 마음대로 바꾸어놓고 무조건 적응하라고 하고, 적응할 만하면 또 바꾸어버리는 정책을 수없이 시행하고 있는 것이다.

　교육은 남녀노소를 떠나서 모든 사람들의 삶에 관련이 있는 국가 중대사이다. 이렇듯 국가의 미래를 좌우하는 영역에서 이런 일들이 버젓이 벌어지고 있다는 것은 참을 수 없는 일이다. 교육현장에 대해 몰상식한 정책 담당자들의 '머리'에서 나온 정책을 심사숙고 없이 실험하고, 그로 인해 우리의 교육이 혼란을 겪고 그래서 우리의 미래를 담당할 청소년들이 제대로 교육을 받지 못한다는 사실을 생각할 때마다 분노가 치미는 사람은 단지 나뿐만은 아닐 것이다.

　교육정책의 변화를 살펴보면 그것은 정말 '혁명'과도 같다. 수학을 예로 들어보자.

　6차교육과정(1992~97년) 당시 고등학교 수학 과목은 공통수학, 수학1, 수학2로 나뉘어 있었다. 고등학교 1학년들은 공통수학을 공부했다. 2학년이 되면서 문과는 수학1을 공부하고 이과는 수학1을 공부하면서 이과에서 다루는 수학의 내용들이 포함된 수학2를 공부했다. 이런 식의 과목 편제는 괜찮은 것이라고 생각한다. 교육에 대해 세밀하게 알지 못하는 학부모들이 보더라도 대략 문과와 이과의 수학 구분에 대해 '감'을 잡을 수 있기 때문이다. 많은 사람들과 관련된 '용어'는 이런 식으로 정리되는 것이 바람직하다. 누구나 듣는 그 즉시 즉각적인 이해가 가능한 용어를 사용해야 하는 것이다.

그러나 1998년부터 새롭게 시행된 7차교육과정에서는 고등학교 수학의 책제목들이 복잡해지기 시작했다. '일반인'들은 이해하기 힘든 '전문가'들의 용어가 등장하기 시작한 것이다.

'10-가', '10-나', '수학1', '수학2', '미분과 적분', '확률과 통계', '이산수학' 등 수학을 잘 모르는 사람들이 보면 바로 이해가 되지 않는 제목들이 고등학교 수학책에 등장하기 시작했다. 고등학교 1학년 1학기에 10-가를 공부하고 2학기에는 10-나를 공부하고, 문과는 수학1을 공부하고 이과는 수학1과 수학2 그리고 세 과목(미분과 적분, 확률과 통계, 이산수학) 중 한 과목을 선택하여 시험을 준비하는 구조이다.

이런 상황이면 사실 학부모들은 이해를 포기한다. 생업에 바쁜 학부모들이 언제 복잡한 수학책의 제목들을 이해하고 암기할 수 있겠는가? "이과 수학 공부 다 마쳤니?"라고 물을 수 있는 상황과 그럴 수 없는 상황은 무척 다르다. '미분과 적분'을 선택할지, '확률과 통계'를 선택할지, '이산수학'은 도대체 무엇인지에 대해 또 전문가들의 조언을 들어야 하는 상황이 된 것이다.

수학의 제목이 혁명처럼 확 바뀌었으니 그 내용도 완전히 바뀐 것으로 생각하는 사람들이 많다. 그러나 속을 들여다보면 전혀 그렇지 않다. 문과에서 미분과 적분이 빠지고 이과에서 일차변환이 빠진 것 외에는 큰 변화도 없다. 그런데 수학 교과서의 제목을 다 바꾸어놓고 학년별로 배우는 내용을 뒤흔들어 섞어놓으니 무슨 대단한 변화가 있는 것처럼 보인 것이다.

순서만 이리저리 바꾸어놓고 교과과정이 바뀌었다고 말하는 교육당국의 정책에 학생과 학부모들만 헷갈리게 되었고 덕분에 수학 교재를 만드는 출판사에서는 돈을 꽤나 벌었을 것이다. 교과과정이 개편되는 혼란한 시기에 학원이 학생들로 더욱 붐비는 것은 말할 것도 없다.

수학의 경우 단계별 교육과정을 도입해서 중학교 1학년을 7학년, 2학년을 8학년, 고등학교 1학년을 10학년이라 부르고 '10-가', '10-나'라는 명칭을 붙인 것 자체가 생소한 일이었다. 이렇게 생소한 단계별 교육과정이 도입되자 학생과 학부모들은 수학이 전면 개정된 것으로 생각하고 너나없이 학원으로 달려갔다. 형 누나들이 쓰던 책은 쓸모없어졌고, 형 누나들을 가르쳐본 경험은 의미를 잃어버렸다. 사실 그 내용은 큰 차이가 없는데 말이다. 내용을 좀 알아서 크게 변화가 없다는 것을 아는 사람들도 이전의 책을 그대로 사용하기에는 좀 거리낌이 있으니 결국 새로 나온 책을 구입해야 했다.

게다가 단계별로 수학의 과정이 세분화되자 선행학습에 대한 욕구가 더욱 증대되었고 수학의 사교육비를 증가시켰다. 이런 문제점들을 드디어 깨달았는지 최근에는 단계별 명칭을 없애고 다시

'중2 수학', '중3 수학', '고등수학'으로 되돌아갔다. 물론 형 누나들이 쓰던 책은 또 버려야 한다.

교과목의 명칭을 바꾸는 일은 신중하게 해야 한다. 그 내용을 환하게 알고 있는 전문가가 아니라면 명칭만 바꾸어놓더라도 모든 것들이 다 바뀐 것으로 생각할 수 있기 때문이다. 순서만 바꾸더라도 바뀐 순서에 적응하는 데에는 상당한 시간이 걸린다. 명칭이 바뀌고 순서가 변해 혼란스러워지면 그것에 적응하는 데 많은 시간이 걸리고 시행착오가 생겨 사회적인 낭비가 발생한다. 책을 다시 사야 하는 것은 말할 필요도 없고, 인터넷에 있는 그 많은 좋은 사이트들이 무용지물이 되어버린다. 내용을 모두 다 바꾸어야 하기 때문이다.

무엇보다 형 누나를 가르친 이전의 경험이 의미 없는 것으로 전락한다는 것이 얼마나 나쁜 일인지 모른다. 사회란 사람들이 오랜 세월에 걸쳐 함께 살아오면서 의식적 무의식적으로 만들어낸 관습과 경험의 총체이다. 사회에서 인정되는 행위나 관습들은 그 사회 나름의 역사적 경험을 통해 의미를 획득한 것들이다. 그런 축적된 경험이 무의미해진다는 것은 사회 전체적으로 큰 낭비가 아닐 수 없다. 형이나 누나를 가르치면서 배운 학부모들의 소중한 경험이 갑작스러운 제도의 변혁으로 의미 없는 것으로 전락한다면 그런 사회에서 발전을 기대하기란 힘들다.

명칭과 전체적인 틀을 그대로 유지하면서 내용을 조심스럽게 변화시킬 수도 있다. 어떤 부분은 빠졌고 어떤 부분은 새롭게 추가되었다는 점만을 잘 알리더라도 엄청난 사회적 낭비를 막을 수 있다.

그런데 그런 노력을 하는 것을 본 적이 별로 없다.

내가 근무했던 학원의 원장님이 일제 자동차를 타고 다녔는데 여러 면에서 많이 놀랐다고 한다. 한번은 앞 유리를 닦는 와이퍼를 교체하러 간 적이 있는데, 우리나라의 자동차들은 와이퍼를 교체하려면 전체를 다 교체해야 되지만, 그 일본 자동차는 와이퍼의 고무 부분만 살짝 떼어내서 교체하더라는 것이다. 사실 와이퍼가 낡아 창이 잘 닦이지 않는 경우 창과 마주치는 고무 부분만 문제가 있지 틀에는 문제가 없는 경우가 많다.

우리나라 자동차 업체들은 왜 일본의 자동차 업체처럼 문제가 있는 부분만 고치면 된다는 생각을 하지 못하는 것일까? 마찬가지의 일이 교육정책, 입시제도에서도 벌어지고 있다.

교육정책 담당자들은 오히려 무엇이든 많이 바꾸는 것이 미덕이라고 생각하는 듯하다. 그 증거로 이런 예가 있다. 6차교육과정에서는 고등학교 1학년 사회 교과서에서 일반사회가 앞쪽에 나오고 지리가 뒤쪽에 나왔다. 그런데 7차교육과정에서는 지리가 앞으로 나오고 일반사회가 뒤쪽으로 이동했다. 순서가 완전히 바뀐 것이다. 몇 년 사이에 지리가 일반사회보다 더 앞쪽에 나와야 하는 이유라도 생긴 것일까? 이런 변화에 대한 교육당국의 타당한 설명을 들어본 적이 없다.

교육과정 개편은 교육부와 출판업자들이 짜고 하는 일이라는 농담을 강사들이 하고는 했다. 2010년부터 또다시 고등학교 1학년 수학이 '10-가/나'에서 '고등수학'으로 바뀌었고, 고등학교 2학년 수학도 제목과 순서가 전부 바뀌었다. 혼란과 비용이 증대되었고 힘들게 바꾸어놓은 인터넷 사이트들도 또다시 개편해야 한다. 어렵게 만들어놓은 많은 인터넷 사이트들이 그 변화의 속도를 따라잡지 못하고 무용지물이 되고 있다.

프랑스혁명이 발발했을 때 영국의 보수주의 정치가 에드먼드 버크는 혁명이 사회를 유리 조각처럼 산산조각 내버릴 것이므로 바람직하지 않은 일이라며 다음과 같이 비판했다.

> ……… 만일 그런 일이 실행되면 그들은 뒤에 이어지는 자에게 살 곳은커녕 폐허를 남기게 될 것이고, 그들이 자신들의 선조의 제도를 거의 존중하지 않는 것과 마찬가지로 그들이 고안한 제도도 그다지 존중하지 않도록 가르치는 일이 될 것입니다. 순간적인 발상이나 유행의 수와 같은 정도로 빈번하고도 다양하게 국가를 변혁하려는 이 무원칙한 안이함으로 국가의 조직과 연속성은 모두 파괴되고 말 것입니다. 대체로 어느 세대나 다른 세대와 연계하는 일은 불가능해질 것입니다. 인간은 여름의 파리와 거의 다름없어질 것입니다(『프랑스혁명 성찰/독일 국민에게 고함』, 에드먼드 버크·요한 피히테 지음, 박희철 옮김, 동서문화사, 2009, 115쪽).

교육에서 이런 식의 '무원칙한 안이함'으로 '상황을 바꾸어' 버리는 일이 지속된다면 우리 사회가 만들어가야 할 든든한 '조직'과 '연속성'이 파괴되어버릴 것이고, 공통의 조직과 연속성이 없다면 백년대계인 교육뿐 아니라 우리의 삶 자체가 '여름의 파리' 목숨처럼 되어버릴 것이다.

2014년 수능에 대한 텔레비전 토론을 본 적이 있다. 한 고등학교 선생님이 나오셔서 정책을 만든 '중장기대입선진화 연구회'에서 나온 서울대학교 교육학 교수를 향해 일선의 선생님들과 '소통'이 없었다고 지적했다. 그러자 그 교수는 공청회를 '네 번이나' 했다고 말하며 그 공청회도 몇 시간에 걸쳐서 했다고 당당하게 말했다.

공청회는 정책을 만들고 나서 홍보하는 차원에서 하는 것이 아니다. 정책을 만들어내기 전에 해야 한다. 그런데 토론회 내내 교육부 관리와 연구회의 교수는 자신들이 만들어낸 정책에 대해 홍보하고 방어하기에 급급했다.

대입을 경험해본 학부모들의 이야기만 잘 듣더라도 그 정책들은 분명 달라졌을 것이다. 그들은 또다시 수능에서의 '혁명'을 기도하고 있었다. 나는 쓴웃음이 나왔다. 사교육업자들은 이런 시를 마음으로 읊조리고 있을 것이다.

    교수님 교과부님 우리의 은인
    입시제도 확 바꾸니 살길 또 열리네
    고맙다고 보약 한 제 지어 바칠까
    힘내어 더 많이 바꾸어달라고
    어긔야 어강됴리 아으 다롱디리

과잉 영어교육, 이게 최선인가?

현 교육제도를 논할 때 가장 먼저 언급되는 것은 언제나 '영어'이다. 영어는 대여섯 살 유치원생부터 초·중·고를 지나 대학은 물론이고 취업, 이후의 직장생활까지 우리 국민들의 평생을 옭아매는 굴레이다.

오늘날 영어교육에 대한 강조는 한마디로 '과잉'이라고 생각한다. 사실 일상적인 삶을 살아가면서 영어가 절박하게 필요한 상황은 그렇게 많지 않다. 인터넷을 접속했을 때 영어로 만들어진 페이지를 읽어야 하거나, 외국 제품을 구입할 때 설명서를 읽어야 하거나, 외국 여행을 갔을 때 의사소통을 해야 하거나 등이 영어가 일상에서 필요한 정도이다.

사단법인 한글문화연대의 최근 조사에 따르면, 최근 1년 동안 초보적인 인사말을 제외하고 문장 단위로 영어를 말하거나 글로 쓰거나 영어 문서를 읽은 경우를 묻는 질문에 20.3퍼센트가 '없다'라고 대답했고, '1년에 2~3회가량'도 20.1퍼센트에 불과했다. 최근 1년 동안 일을 하면서 외국인과 영어로 말하며 의사소통을 한 시간이 얼마나 되는지 묻는 질문에도 '없다'(37.8퍼센트)가 가장 많았으며, '1년에 10분 정도'(16.7퍼센트)가 그 뒤를 이었다(「한겨레」, 2011년 12월 13일).

물론 외국어에 대한 학습이 단순히 실용적인 목적뿐 아니라 외국의 문화와 사고방식을 공부해 우리 자신을 되돌아보는 중요한 계기가 될 수 있다는 점에서 꼭 필요한 교육이기는 하다. 하지만 현재와 같이 온 나라가 온통 '영어 열병', '영어 광풍'에 휩싸인 상황은 지나쳐도 너무 지나치다.

영어를 강조하고 몰입식 영어수업까지 이야기하는 사람들의 논리는 영어를 모국어처럼 자유자재로 구사해 세계적 경쟁 무대에서 뒤처지지 말아야 한다는 것이다. 하지만 이웃나라 일본을 생각해보자. 일본이 세계적인 경제대국으로 발돋움한 것이 영어를 잘해서일까? 결코 아니다. 『일본인과 영어』라는 책을 쓴 도쿄대 사이토 요시후미 교수는 "일본의 영어교육 역사상, 중·고교 수준에서의 대중 영어교육이 눈에 띌 만한 성과를 올렸던 적은 단 한 번도 없다"고 단언한다. 그럼에도 불구하고 일본은 세계를 매혹시키는 좋은 제품들을 탄생시켰고 경제대국으로 우뚝 성장했다. 영어가 아니라 일본인들의 치밀한 장인정신이 이룩한 업적임을 부정할 사람은 별로 없을 것이다.

업무를 위해 전문적인 영어가 꼭 필요한 사람이라든지, 외국과의 효율적인 업무를 위해 회화가 꼭 필요한 사람들은 재교육이나 외국연수를 통해 얼마든지 영어 실력을 향상시킬 수 있다. 보통 대학을 졸업하고 1년 정도 해외연수를 하게 되면 해외 업무를 무리없이 소화할 정도로 영어 실력이 좋아진다. 그 이상 고도의 영어 능력이 필요한 전문적인 자리라면 지금 우리 주변에 수많은 재외 국민 엘리트들의 도움을 받을 수도 있다. 그런데 그런 전문적인 필요성 때문에 모든 국민들을 영어 광풍의 도가니로 몰아넣는 것은 문제가 있다.

이명박 정부의 영어 공교육 강화 방안에 대해 가수 신해철이 독설을 풀어놓은 적이 있다. "영어 공교육 강화 방안은 반민주적인 작태이고 영어를 쓰지 않는 사람들에게까지 영어를 강요하겠다는 것"이라며 "차라리 미국의 51번째 주가 되든지, 아니면 호주와 캐나다와 함께 영연방으로 들어가라. 자진해서 식민지가 돼라"고 말했다. "미국 LA에서도 한인타운에서 영어를 전혀 안 쓰는 사람도 있는데 전 국민이 영어를 해야 한다는 발상은 어디서 나온 생각"이냐며 신랄한 비판을 쏟아 부었다(「머니투데이」, 2008년 2월 4일).

나는 신해철의 비판에 전적으로 동감한다. 영어 교육은 기본적인 수준에서 그쳐야 한다. 그 기본적인 수준이 무엇이냐는 데에는 물론 논란이 있지만, 현재 중고등학교 교과서 수준의 영어라면 세계화된 시대에 우리가 세계인으로 살아가는 데에도 그리 부족하지 않다고 생각한다.

그런데 수능에서의 영어는 점점 어려워지고 있으며, 한때 논술에 등장한 영어 지문은 우리말로 번역된 문장으로 읽어도 이해가 힘든 철학이나 문학의 난해한 글들이었다. 수능에서도 주로 낯선 지문들이 출제되기 때문에 영어는 아주 어려운 과목으로 간주되고 있다.

더구나 수능에서 과목이 축소되다 보니 영어와 수학 등 중요 과목에서의 변별력이 커지고, 시험의 난이도가 낮을 때에는 한두 문제에 등급이 엇갈리는 상황이 되고 보니 높은 수준으로까지 영어를 공부하지 않을 수 없는 상황이 되어버렸다.

그래서 저학년으로 갈수록 영어에 대해 공포증을 가지고 있으며 영어에 대한 대비를 철저히 하는 상황이다. 100만 원이 훌쩍 넘어가는 영어유치원은 이제 필수코스가 되고 있다. 우리말도 제대로 배우기 전인 어린이들이 외국인 강사들에게서 영어를 배우고 있는 것이다. 강남의 초등학교에서는 방학 전후에 빈자리를 많이 볼 수 있다. 학생들이 방학이 시작하기 전 외국으로 어학연수를 떠났다가 방학이 끝날 때쯤 돌아오기 때문이다. 그래서 압구정동의 경우 방학이면 초등학생들이 모두 사라지는 '공동화현상'이 벌어지기도 한다.

나는 한때 서민들이 많이 사는 지역에서 학원을 운영했던 적이 있다. 이 동네는 결손가정이 많아 학원비 봉투를 줄 때에도 '어머니께 가져다드리라'는 말을 할 수 없었다. 엄마가 집에 없고 조부모나 아빠가 자녀를 키우는 가정이 많았기 때문이다.

이 지역에서는 방학이 되면 아이들이 시골로 내려간다. 하루 종일 아이를 봐줄 사람이 없어서 시골에 있는 할아버지 할머니 집으로 학생들이 내려가기 때문이다. 역시 같은 '공동화현상'이지만 영어가 이렇게 강조되는 상황에서 이런 두 '공동화현상'의 차이가 아이의 미래를 얼마나 크게 바꾸어놓을지, 양극화를 얼마나 더 심화시킬지는 누구나 짐작할 수 있다.

2010년 12월 교과부와 한국교육과정평가원에서는 전국 고등학생 2만 명을 대상으로 국가영어능력평가시험(NEAT)의 시범평가를 실시했고, 2016년부터는 수능영어를 대체할 예정이다. 고비용의 외국 국가영어능력평가시험을 대체하고 영어 사교육비를 줄이려는 목적이라고 하지만 오히려 현재에는 영어 열풍을 조장하고 있다.

눈치가 빠른 강남의 학부모들은 미리 영어인증시험에 대한 준비를 마쳐야 수학과 논술, 면접 등 다른 과목에 집중해 대학에 진학할 수 있다는 사실을 간파하고 영어에 더욱 몰입하고 있다. 중학교에서 영어를 끝내버리겠다는 태세로 맹렬히 영어 공부를 시키고 있는 것이다.

사교육비를 줄이겠다는 정부의 애당초 목적과는 다르게 초등학교, 중학교 영어 사교육 시장은 또다시 좋은 기회를 맞고 있다. 소수가 보던 영어 인증시험을 이제는 모든 학생들이 봐야 하고 준비를 해야 하기 때문이다. 그런데도 정부에서는 영어 사교육비를 줄이는 계기가 될 것이라는 주장을 굽히지 않고 있다.

국가영어능력평가시험에 대비해 지금 초등학생 자녀를 둔 학부모들은 비슷한 유형의 영어인증시험을 필수적으로 보고 있다. TOEFL Junior, TOSEL, PELT jr, TOEIC Bridge, Cambridge Test

등 많은 시험들을 영어유치원이나 영어학원에서 지속적으로 보고 국가영어능력평가시험에 대비하고 있다.

EBS가 주관하는 토셀(TOSEL)의 경우 국제중학교에 입학하려는 초등학생들이 많이 봤는데 지금은 대부분의 학생들이 보는 시험이 되었다. 2007년 7만 8천 명이 시험을 봤는데, 2010년에는 35만 명으로 그 수가 대폭 증가했다. 관련 업체들에서는 국가영어능력평가시험에 따라 그 수요가 폭발적으로 증가할 것으로 예상하고 있으며, 외국 시험 주관사들과 계약을 서두르고 있는 상황이다.

사실 중학생들의 경우 현재 특목고 입시에서 외국어 인증시험을 반영하지 못하도록 금지하고 있어서 이런 열풍은 벌어지지 않고 있다. 중학생이나 고등학생의 경우 내신이 중요하기 때문에 내신 영어를 주로 공부하는 것이 현재의 상황이다. 하지만 2013년부터 본격적으로 국가영어능력평가시험이 시행되면 상황은 아주 나빠질 것이라고 예측된다.

거의 대부분의 중학생들이 국가영어능력평가시험을 준비하기 위해 영어 사교육에 몰입하게 될 것이다. 그나마 지금 학교영어에 대한 강조로 초등학교 영어 사교육 광풍이 중학교에서는 조금 진정되어 있는데 다시 중학생들을 국가영어능력평가시험 대비반으로 몰아넣는 일이 벌어지고야 말 것이다. 중학생들이 국가영어능력평가시험과 내신영어를 동시에 준비해야 하는 이중고를 겪게 될 것은 뻔한 일이다.

대학들이 국가영어능력평가시험을 인정하지 않게 되면 혼란은 더욱 가중될 것이다. 어떤 대학은 인증시험을 채택하고 어떤 대학은 수능영어를 채택하게 된다면 얼마나 큰 혼란이 오겠는가? 인증시험은 시험대로 수능은 수능대로 준비해야 하는 상황이 올 수도 있다.

2016년부터 수능영어를 대체하겠다고 하지만 사실 아직 정해진 것은 없다. 어릴 때부터 외국에 나가본 적도 없고 외국인과 영어로 대화를 해본 적도 없는 학생들이 말하기와 듣기와 쓰기까지 해야 하는 이런 시험을 잘 보는 것은 힘든 일이 아닐 수 없다. 막 뛰어다니고 노는 것을 좋아하는 철부지 어린 애들의 까만 얼굴들이 떠오르면 가슴이 답답해온다.

왜 정부에서는 이런 점을 예측하지 못하고 정책을 만드는 것일까? 교과부 영어교육강화팀장이 어느 인터뷰에서 "고등학생들이 2~3급을 받으면 영어실력을 국가가 인증해주는 것이 바로 국가영어능력평가입니다. 학교에서 대비할 수 있도록 시스템화했고, 상대평가인 기존의 등급제와는 달리 절대평가이기 때문에 과도한 경쟁은 없을 것으로 봅니다"라는 말을 했다.

그의 말은 전적으로 거짓이거나 오판이다. 지금 학교에서는 국가영어능력평가시험에 대한 대비가 제대로 되어 있지 않다. 학생들도 시험에 대한 정보와 대비가 거의 없는 상태이다. 그리고 이미 사교육업계에서는 'NEAT 열풍'이 몰아치고 있다. 인터넷에 '국가영어능력평가시험'이라고 검색해보라. 얼마나 많은 사교육업체들이 이 시험을 시장을 확대할 좋은 계기로 삼고 새로운 프로그램을 도입하고 있는지 알게 될 것이다. 절대평가이기 때문에 조기에 시험에 통과하고 다른 과목에 집중하기 위해 사교육은 더욱 기승을 부릴 것이다.

만약 국가영어능력평가시험이 지금의 계획대로 A, B, C, F의 네 단계의 등급만을 평가해 제시하게 되어 영어 실력에 대한 변별력이 없다고 판단된다면 대학들이 영어시험을 적성평가의 형태로 별도로 보거나 논술에서 영어지문을 출제할 가능성도 있다. 이렇게 된다면 영어 사교육은 더욱 기승을 부리게 되고 학생들은 국가영어능력평가시험, 내신영어, 어려운 철학지문이 포함된 고급영어 독해까지 해야 하는 상황이 될 수도 있다.

정부의 영어정책은 더 어렵고 복잡한 상황으로 영어교육을 몰아가고 있으며 사교육업계는 이런 상황을 행복한 미소를 지으며 관망하고 있다. 정부의 교육정책 담당자들이 이런 상황을 알고도 모르는 체하는 것인지, 정말 모르는 것인지 도무지 판단이 서지 않는다.

미국 메릴랜드 솔즈베리대학의 남태현 교수는 "영어 망국병은 병이 아니라 사기다"라고 주장했다(「한겨레」, 2011년 3월 25일). 그는 "프랑스에서 박사를 딴 사람도 영어로 강의를 해야 되고, 동양철학도 영어 강의가 있다"는 현실을 듣고 '괴담'이라고 생각했다고 한다.

그는 "영어는 우리말과 완전히 다른 언어체계이자 사고체계이기도 하고, 하나의 문화"이며 "문법을 익히고 회화를 연습해서 자신의 것으로 만들기에는 너무나 커다란 것"이어서 "이 불가능한 것을 하려니 다들 힘들고 괴롭고 돈만 듭니다. 영어는 여건이 되는 사람만, 필요한 사람만 하면 되는 것이죠. 산책을 즐기면 되지 모두 에베레스트 정상에 오를 수는 없는 것 아니겠습니까?"라고 묻는다. 그래서 "너도 할 수 있다는 달콤한 사탕발림은 그들의 가장 큰 무기이자 당하는 사람들에겐 처절한 사기"라고 말한다. 그들이란 "영어로 돈을 버는 사람들이기도 하고, 미국 교육으로 승진하거나 남보다 많은 월급을 받는 사람들이기도 하고, 권력을 쥐고 흔드는 사람들"이며 "그들에게는 사회 전체의 영어 숭배가 자기들의 이익"이라고 주장한다.

그는 같은 신문의 다른 글에서 다음과 같이 말한다.

……… 영어가 그냥 하나의 교과 과목인 시절이 있었습니다. 독일어 같은 발음으로 영어를 가르치시던 선생님에, 너덜너덜해진 『성문영어』가 다였습니다. 영어를 잘해봐야 거기서 거기였고, 경쟁은 있었지만 비교적 공평했습니다. 영어도 중요했지만 국어·수학·국사도 중요했고, 어제 있었던 축구 내기와 내일 있을 농구 내기도 꽤나 중요했죠. 하지만 이제 한국의 모습을 보면 이건 사람들이 비행기 안에서 담배 피우던 시절 이야기인 듯합니다(「한겨레」, 2011년 4월 8일).

나는 그의 말에 전적으로 동감한다. 영어는 '그저 하나의 과목'일 뿐이다. 영어가 전부이거나 혹은 수학이 전부가 되어서는 안 된다. 이 책에서 내가 주장하는 것도 다양한 분야에서 다양한 능력을 골고루 가진 전인적인 인간을 교육하는 것이 우리 교육의 기본이 되어야 한다는 것이다. 또한 그것이야말로 지금의 상황에서 가장 필요한 교육방식이다.

'비행기 안에서 담배 피우던 시절'로 돌아가서는 안 되겠지만, 우리는 반드시 영어가 다양한 과목들 중 하나인 시절로 돌아가야 한다. 우리가 세계적인 경쟁에서 이길 수 있는 길은 영어를 통해서만 갈 수 있는 길이 아니다.

오바마 대통령이 한국의 교육을 배우자고 연일 소리를 높이는 것은 영어 때문이 아니라 한국인의 교육에 대한 높은 열망 때문이다. 세계적인 경쟁에서 이기는 길은 우리가 서로 신뢰하는 건강하고 좋은 사회를 만들고 힘을 다해 세계가 인정할 수 있는 좋은 제품과 관행을 만들어나가는 길이지 사회 전체가 좋은 발음을 위해 혀를 꼬아대는 것이 아님을 교육정책 담당자들이 제발 깨달았으면 한다.

바보야, 수학은 '응용'이 아니라 '기본'이야!

7차교육과정은 공교육을 붕괴시키고 사교육을 조장하며 우리 교육에 좋지 않은 영향을 미쳤다. 제대로 시행되지도 못한 12학년제를 도입해서 혼란을 주었고, '단계형 수준별 수업'을 도입해 선행학습을 부추기고 사교육을 도와주었다. '심화 보충형 수준별 수업'은 제대로 실시되지도 못했고 '과목 선택형'은 혼란만 가중시켰다.

공통 필수과목이 많이 줄어들었고 수능에서 수학의 일부 과목들, 기술이나 공업 등의 과목이나 미술, 음악, 체육과 같은 예체능 과목, 한문 등의 과목이 배제되면서 학교의 수업을 붕괴시키는 데 일조했다. 입시에서 배제된 과목은 내신성적에라도 제대로 반영되어야 할 텐데, 입시에서 내신의 실질반영률이 낮아지자 학교에서 수업이 제대로 이루어지지 않게 되었고, 입시과목으로 수업을 대체하거나 자습을 시키는 등 학교가 스스로 학생들에게 위선적인 삶을 가르칠 수밖에 없는 상황에 이르렀다.

7차교육과정으로 사교육 현장에서 가장 많은 이익을 본 과목은 수학이었다. 이전에는 수학의 제목이 학년별로 되어 있었는데, 갑자기 중학교 1학년을 7학년, 2학년을 8학년, 3학년을 9학년, 고등학교 1학년을 10학년 등으로 단계형으로 부르게 되자 수학이라는 과목도 단계가 있다는 식으로 학부모들이 생각하게 되었고, 선행학습을 하는 것이 보편화되었다.

초등학생들이 '7-가/나 수학'이나 '8-가/나 수학'을 학원에서 미리 선행학습을 하는 것이 보통의 상황이었고, 심지어 초등 6학년에 '10-가/나'를 마쳤다고 자랑스럽게 말하는 부모들도 있었다.

학원에서 초등학생 학부모들을 상대로 상담을 할 때 가장 어려운 부분이 바로 이 부분이다. 학부모들은 자녀의 지적인 성숙도와 무관하게 그저 높은 단계의 수학 수업을 요구했다. 그래서 그런 단계의 수업을 듣는 것이 지금은 불필요하다고 상담을 하면 기분 나쁜 표정을 지었다.

그러니 학원들도 이런 학부모들의 기대에 영합해 초등학생, 중학생들에게 고등학교 수학을 가르쳤다. 고등학교 수학의 내용을 초등학교 교재에 집어넣어 '창의력 수학'이라고 그럴 듯하게 포장한 교재와 수업이 인기를 끌기도 했다. 초등학생을 대상으로 한 수학 사교육이 증가한 것이 바로 이렇게 수학을 단계형으로 생각하게 한 교육과정 때문이 아니었나 생각된다.

한편 고등학교에서는 수학의 양이 사실상 줄어들었다. 문과에서 미분과 적분 과목이 완전히 빠져버렸고, 이과에서도 '미분과 적분', '확률과 통계', '이산수학' 중에서 한 과목을 선택해 수능을 보게 했고, 이전의 교육과정에 비해 빠진 부분들도 있어서 사실상 수학의 범위는 더 축소되었다.

수학의 범위를 축소시킨 데에는 사교육비를 줄이겠다는 의도가 있었다. 하지만 수학의 범위를 축소시킨 결과 실제 수능에서는 어려운 문제들이 많이 출제되기 시작했다. 단순한 개념과 원리 중심으로 대표적인 문제들이 출제되던 이전의 학력고사와는 달리 학교나 학원에서 가르치는 선생님들도 숙고해보지 않고는 풀 수 없는 복합적이고 어려운 문제들이 출제되고는 했다. 또한 개념이나 원리보다는 응용력이 있어야 한다는 수능문제에 대한 일반적인 생각 때문에 학생들은 기초적인 개념이나 원리의 암기를 등한시하게 되었고 응용문제만 집중적으로 풀게 되었다.

기초가 튼튼하지 않으면 어떤 일이 발생하는지 우리는 잘 알고 있다. 수영장에서 반복적으로 수영 연습을 하지 않고 바다로 바로 뛰어든 사람처럼 학생들은 바닷물을 마시고 파도에 이리저리 휩쓸리면서도 그 이유를 제대로 모르는 현상이 교육현장에서 많이 발생했다.

학생들이 수학에서 점수가 나오지 않는 이유는 기초개념, 기본문제, 기본공식 등에 대한 정리와 반복학습이 없어서이다. 그런데 학교나 학원에서 이런 기본에 대한 반복학습을 제대로 시키지 않으니 학생들도 기본을 제대로 몸에 익히는 공부를 하지 않고 응용

문제들에 초점을 두어 공부를 하게 되었고 실패를 연속하게 되었다. 그러니 학생들은 원인도 제대로 파악하지 못한 채 또 사교육에 의존하게 되었다.

2009년부터 이어진 정부의 치열한 사교육비 경감조치 덕에 전반적으로 사교육비가 감소했다고 하지만 수학만 유일하게 증가하고 있다. 2010년의 조사에 따르면 과목별 사교육 참여율이 가장 높은 과목은 53.6퍼센트인 수학이다. 1인당 월평균 사교육비도 수학이 1위를 차지하고 있다. 사실 내용을 자세히 들여다보면 큰 변화가 없는데 제목을 자꾸 바꾸고 교과과정을 개편하다 보니 수학이 전면 개정된 것으로 생각해 학생과 학부모들이 사교육을 찾을 수밖에 없는 상황이 된 것이다.

학생들을 가르치다 보면 학생들이 수학학원을 찾을 수밖에 없는 원인이 어려운 수학문제 때문임을 느낄 수 있다. 앞에서 여러 차례 지적했지만, 시험에 대한 학생들의 부담을 줄여준다는 명목으로 과목을 줄인 결과 소수 과목에 대한 집중도가 높아졌고 문제의 난이도가 높아졌다. 기초개념과 그것의 응용 정도를 묻는 문제가 아니라 길고 복잡한 문제들이 수능에 등장하기 시작했고, 그런 문제들 때문에 기본서에 대한 공부보다는 학원이나 과외에 학생들이 의존하기 시작했다. 그런데 정부의 진단은 조금 다른 것 같다.

최근 정부는 초중고 교사와 학부모, 대학교수, 연구기관 관계자들이 참여하는 '수학교육개선위원회'를 출범시키고, 이주호 장관 주재로 첫 회의를 개최했다. 학교 수학교육이 상급학교 입시를 위한 수단으로 변질되고 반복적인 문제풀이 중심으로 이뤄져 과도한 사교육을 유발한다는 지적에 따라 교육내용과 방법, 평가제도 등 수학교육 전반에 걸쳐 개선방안 마련에 착수해 교육현장, 과학기술계, 산업계 등의 의견을 광범위하게 수렴해 초·중·고교의 수학교육 목표와 교육내용, 교육방법, 평가제도 전반에 대한 개선책을 마련할 계획이라고 한다.

우선 '전반에 대한 개선책을 마련할 계획'이라는 표현에서 또다시 성급하고 과도한 개혁의 조짐이 나타나고 있다.

6차, 7차, 7차개정 교육과정을 통해 이미 수학은 '과도한 개혁'이 이루어졌고 그에 따라 사교육비가 증가한 것이 사실이다. 그런데 또다시 '전반에 대한 개선책을 마련'한다고 하니 걱정이 앞선다. 그리고 현실에 대한 진단도 문제이다. '현재의 수학교육이 상위학교 입시를 위한 수단으로 변질되어 과도한 선행학습과 입시에 대비한 대량·반복적인 문제풀이 중심으로 이루어지고 있다'는 진단은 분명 문제가 있다.

수학을 공부하는 것은 학교 교과과정에 수학이 포함되어 있고 입시의 중요 과목이기 때문이다. 이를 부정하게 되면 가장 기본적이고 현실적인 측면을 부정하는 것이 된다. '입시를 위한 수단'이 되어 학생들이 좋은 과목들을 더 열심히 공부하게 되는 것은 부정적인 일이 아니다. 입시와 무관한 방향으로 수학교육을 개편하고 학교에서 지도하게 될 때 학생들은 입시와 연관된 수학 수업을 듣기 위해 또다시 학원으로 발걸음을 돌릴 것이다.

게다가 지금의 문제는 오히려 '대량·반복적인 문제풀이'가 없어서 발생하고 있다. 새로운 문제들이 수능에 많이 도입된 결과 기본에 대한 반복학습보다는 응용으로 무게 중심이 이동하게 되었고 이는 사교육비 상승으로 이어졌다.

예를 들어 수학의 대표적인 기본서인 『정석』이나 『개념원리』의 기본문제와 연습문제 정도 수준의 문제들을 잘 구성하더라도 충분히 수학에 대한 기초를 확인하는 난이도 있는 시험문제를 만들 수 있다. 하지만 그보다 더 어려운 길고 장황한 문제들을 출제한 결과 수학에 대한 사교육이 증가한 것인데 그런 진단은 어디에도 보이지 않는다.

또한 현재 수학교육이 '학생들의 흥미 유발과 창의성 발달을 저해하고 있는 실정'이라는 진단과 '21세기 지식기반시대가 요구하는 창의적 사고력과 문제해결능력을 배양하는 방향으로 수학 공교육을 내실화하고 사교육비 부담을 줄이고자' 한다는 말을 듣게 되면 교과부가 생각하고 있는 방향이 무엇인지 사교육업자들은 금방 파악할 것이다.

몇 년 전 강남을 중심으로 열풍이 불었던 '창의력 수학'이 또다시 사교육 시장에 등장하게 될 것이고 학생과 학부모들은 또 어려운 수학문제를 푸느라 골머리를 썩여야 할 것이다. 기초를 반복학습하도록 유도해 수학적인 태도를 몸에 익히도록 하는 것이 아니라 '퀴즈'와 같은 문제풀이 연습을 시키는 것이 필요하다는 생각을 이미 많은 학부모들은 하고 있으며 그런 준비를 하고 있다.

그뿐만이 아니다. '학교 내신 평가 방식도 문제풀이와 계산 위주에서 과정 중심 평가로 바꾸고 서술형 평가를 늘릴 방침'이라고 하고, 2011년 8월까지 '교육과정 개편 시안을 만들어 교과서 제작에 들어갈 예정'이라고 한다. '학생들은 이르면 2013년부터 새 수학 교과서로 공부하게 된다'고 하니(「국민일보」, 2011년 4월 5일) 또다시 수학교육의 대혼란이 예고되고 있다.

'창의적 사고', '문제해결 능력', '서술형 평가' 등은 학원들이 아주 좋아하는 말이다. 반면에 '기본개념', '전형적인 문제', '기본문제', '기본유형', '기초공식' 등은 학원들이 싫어하는 말이다. 가장 기본적인 개념과 원리를 잘 가르치고 그것을 제대로 학습했는지 확인하는 정도의 시험을 본다면 학원들이 설 자리가 사라지기 때문이다. 하지만 교과부는 이와 정반대의 판단을 하고 있는 것이 문제이다.

비록 이런 상황이라 하더라도 우리가 항상 잊지 말아야 할 것은 '기본'이 중요하다는 사실이다. 어떤 식으로 수학이 바뀌더라도 중요한 것은 '기본'이다. 수능에서 수학이 어렵게 나와도 기본개념, 기본공식, 기본문제, 기본유형을 익숙하게 공부한 학생들은 흔들리지 않고 좋은 점수를 받는 것을 오랜 세월 학생들을 가르치면서 경험해왔다.

열 권의 책을 푸는 것보다 한 권의 기본서를 반복해서 능숙하게 몸에 익힌 학생이 결국은 성공한다. 정부에서 어떤 방향으로 수학의 교육정책을 바꾸든, 어떤 '창의력' 문제를 도입하든 학생들은 흔들리지 않고 기본적인 학습에 충실해야 한다. 기본을 충분히 학습한 후에 차츰 어려운 응용문제로 나아가야 하는데 주변에서 모두 '창의력'에 대한 준비를 하기 때문에 그 방향대로 따라가다 보면 수학에 대한 흥미를 잃어버리게 된다.

16세기 이후 종교와 사회가 혼란스러울 때 종교개혁자들은 '오직 성경으로(sola scriptura)'를 외치며 개혁의 방향을 잡았다. 그것은 사실 '개혁'이라기보다 '본질'과 '근본'으로 돌아가자는 운동이었다. 수학의 교육정책도 수학을 공부하는 방법도 수학의 기본을 강조하는 방향으로 돌아가야 한다.

1992년 미국 대선에서 빌 클린턴은 문제의 핵심을 찌르는 구호로 현직 대통령이라는 이점을 가진 부시를 누르고 승리를 차지했다. 그 구호는 "바보야, 문제는 경제야!(It's the economy, stupid)"였다. 아직도 핵심을 파악하지 못하고 헷갈리고 있는 수학교육정책 담당자들에게 나도 비슷하게 말하고 싶다.

바보야, 수학은 '응용'이 아니라 '기본'이야!

어려운 시험, 누구를 위한 것인가?

「캐치 미 이프 유 캔」이라는 재미있는 영화가 있다. 스티븐 스필버그가 감독하고 레오나르도 디카프리오가 주연한 영화인데 희대의 사기꾼 프랭크 에버그네일 주니어의 실화를 바탕으로 하고 있다. '나 잡아봐라' 하며 요리조리 미꾸라지처럼 피해 다니며 교묘하게 사회의 빈틈을 이용해 사기를 치는 희대의 사기꾼 이야기이다. 시스템을 잘 아는 머리 좋은 사람이 속이려고 작정하면 당할 수밖에 없다는 이야기를 재미있게 영화로 만들었다.

살다 보면 단순하고 정직한 사람들이 사기를 당하는 것을 많이 본다. 단순하고 정직한 사람들은 복잡하게 생각하지 못하고 남을 잘 믿기 때문이다. 이런 신뢰를 이용해먹는 사기꾼들은 참 나쁘다.

단순하게 남을 신뢰하고 솔직하게 살아도 사기를 당하지 않는 세상이야말로 우리가 지향해야 할 좋은 사회의 모습이다.

공부도 마찬가지이다. 하루하루 열심히 성실하게 공부하는 학생들이 좋은 성적을 받고 좋은 대학에 무난히 진학할 수 있는 입시제도, 시험제도가 좋은 제도이다. 남들보다 좀 뒤떨어지는 지적 능력을 가지고 있더라도 성실하게 꾸준히 노력만 하면 결국 성적이 오르는 제도가 좋은 제도라면 오늘날의 입시제도는 분명 문제가 있다.

이런 말을 하면 상황을 잘 모르는 우리 학부모들은 고개를 갸우뚱할 것이다. 열심히 공부하면 좋은 성적이 나오는 것은 당연한데 왜 이런 말을 하는지 의아할 것이다. 하지만 시험에 따라서는 열심히 공부를 해도 성적이 잘 나오지 않는 시험도 있고, 도대체 어디에서부터 어떻게 시작해야 할지 막막한 시험도 있다. 지금의 논술, 면접, 수능이 그런 식의 시험이다.

수능 이전에는 학력고사라는 시험이 있었다. 현재 중고생 자녀를 둔 부모들은 대부분 학력고사 세대일 것이다. 이 시험에서는 객관식 단답형의 문제가 주로 출제되어 '정확하고 빈틈이 없는 정리'가 곧 점수로 연결되었다. 시험 범위가 거의 정해져 있었고 어떤 식의 문제가 어떻게 나오는지도 대략 공개되어 있었다. 그래서 정해진 교과서의 정해진 범위를 빈틈없이 공부한 학생들이 고득점을 받을 수 있었다.

응용능력이 조금 부족하더라도 열심히 성실하게 많은 시간을 책과 씨름한 학생들이 좋은 성적을 받을 수 있는 시험제도였다. 그래서 문학작품의 해석에도 정확한 객관식 정답이 존재했고, 그것을 정확하게 파악해서 학생들에게 잘 제시해준 서한샘 선생님 같은 분이 스타강사로 군림했다. 물론 이런 식의 주입식 암기 교육에도 문제는 있다. 하지만 공부한 만큼 점수가 나오는 것은 그래도 좋은 점이었다.

수능은 이런 '주입식 암기 교육'에 대한 대안으로 등장했다. 하지만 수능체제에서 오랜 시간 동안 학생들을 지도해본 나는 오히려 이전의 교육이 더 의미 있는 교육이 아니었나 하고 느낄 때가 자주 있다.

학력고사 시절에는 시험과목도 지금 수능에 비해 2배 정도 많았고 실제로 공부해야 할 양도 많았다. 그 많은 양을 체계적으로 정리할 수 있는 학생들이 좋은 점수를 받았다. 그래서 학원이나 과외의 도움 없이도 혼자 주어진 범위의 교재를 성실하게 파고들어 좋은 점수를 얻는 학생들이 있었고 그렇게 해서도 최고의 대학에 진학할 수 있었다. 사실 오늘날 우리나라의 발전을 가져온 세대는 수능 세대가 아니라 학력고사 세대이다.

이런 학력고사식 교육은 각 분야에 대해 개론적인 수준의 지식을 상당히 정확히 익히도록 해 전체적인 틀을 잘 파악할 수 있게 해준다는 장점을 가지고 있다. 우리나라처럼 거의 대부분의 분야에서 외국의 지식체계를 배워야 하는 상황에서는 상당히 의미 있는 교육방식이라고 생각한다.

서울의 이곳저곳을 다녀보고 나서 서울에 대한 지식을 배우는 것도 좋은 교육방식이지만 남산타워에 올라가서 서울의 전체적인 윤곽을 먼저 보고 그 다음에 골목을 다녀보는 것도 좋은 방식이다. 이전의 교육방식이 바로 이런 전체적이고 기본적인 개괄을 가능하게 하는 방식이었고 상당히 좋은 교육방식이라고 생각한다.

또한 고전에 대한 반복적인 학습은 고전에 대한 이해를 심화시켜 각 개인들이 사회와 세상을 보는 이해의 기본 축이 될 수 있게 해주었고 사람들이 공유할 수 있는 공통의 토대를 마련해주었다.

우리 세대의 친구들이 모여서 이야기를 해보면 문학과 사회, 과학 등에 대한 다양한 상식과 기본적인 개념들을 서로 공유하고 있다는 것을 느끼게 된다. 하지만 요즘에는 이런 고전과 기본에 대한 정확한 교육이 사라지고 있다. 지식 자체보다는 '지식 습득 능력'을 강조한 결과 오히려 흐리멍덩한 학생들을 양산하고 있다는 것은 나만의 느낌이 아니다. 많은 선생님들과 교수님들이 이런 점에서 나와 같은 생각을 하고 있다.

수능이 도입되어 '자료 제시에 따른 해석'을 강조하고, '수학 정도'보다는 '수학 능력'에 대한 평가를 하면서 이런 주입식 암기식 교육은 폐지해야 하는 것으로 인식되었다. 그래서 교과서에 등장하는 지문이나 고전에서 문제가 출제되지 않고 낯설고 새로운 지문을 짧은 시간 안에 얼마나 정확하게 읽고 해석하는지를 평가하게 되었다. 그러자 이제 학생들은 주어진 지문을 어떻게 공부할 것인가가 아니라 도대체 어떤 지문을 공부해야 할 것인가를 고민하게 되었고, 스스로 주어진 지문을 공부하는 것이 아니라 학원을 찾아 출제 가능성이 높은 지문과 그 해석 방법을 배워야 하는 상황이 되었다.

시험과목 자체도 얼마나 생소한가! 언어영역, 수리영역, 탐구영역, 외국어영역 등. 학부모들은 탐구영역이 도대체 무슨 과목으로 채워져 있는지, 외국어영역이 영어인지 제2외국어인지조차 헷갈리고, 언어에는 국어 외에 또 어떤 내용들이 나오는지 헷갈리기 시작했다. 문제의 수준도 나오는 문제들의 유형이 단순하게 정해져 있었던 학력고사와 달리 복합적이고 어려운 문제들이 나오기 시작했다. 수학에서는 『정석』의 연습문제 정도의 수준이던 것이 길고 복합적인 문제로 바뀌기 시작했다. 학생들이 어느 단원에 속하는 것인지조차 알 수 없는 문제들이 출제되기도 했다.

탐구영역은 더욱 가관이었다. 일반사회, 윤리, 지리, 국사의 문제를 과목별로 단독으로 출제하더라도 어려운데 통합교과 문제가 나오기 시작하자 학생들은 무엇을 어떻게 공부해야 할지 그 자체를 헷갈리기 시작했다. 학교에서는 과목별로 가르치는데 그 누가 통합교과에 대한 수업을 해줄 수 있었겠는가?

재수종합반에서 강의하던 사회 선생들은 그 당시 새벽까지 수업을 해야 했다. 지역 학원들에서 학생들을 모아놓고 새벽 2시, 3시까지 선생을 기다리는 진풍경이 벌어지기도 했다. 과학과목에서도 마찬가지의 일이 발생했다. 물리, 화학, 생물, 지구과학 네 과목을 다 공부해야 했고, 통합과학, 통합사회 수업이 등장하기도 했다.

평가란 학습에 대한 평가를 의미한다. 학습을 성실히 하면 풀 수 있는 문제들이 나와야 하는데, 학교에서 아무리 수업을 열심히 듣더라도 문제는 그것과는 상관없이 나오니 학생들은 학원에 의존할 수밖에 없는 현상이 벌어졌다. 공부를 해도 공부를 하지 않더라도 큰 차이가 없는 점수가 나오자 학생들은 더욱 절망하기 시작했다.

예를 들어 수능의 국어에서는 공부를 많이 하지 않더라도 긴 문장을 빠르게 읽고 그것을 정확하게 요약할 수 있는 탁월한 '감'을 가진 학생들이 좋은 점수를 받을 수 있다. 교과서에 수록되지 않은 낯선 지문이 등장하고 그 전체적인 내용을 묻는 문제들이 출제되기 때문이다.

영어에서도 전체 문장을 정확히 해석하지는 못하더라도 맥락을 통해 답을 얻을 수 있는 문제들이 많이 등장했다. 그래서 학생들은 단어와 숙어, 문법에 대한 공부에 집착하지 않고 문제 풀이 기술에 더 관심을 기울이게 되었다. 첫 문장과 마지막 문장을 읽고 답을 추론하는 방법, 중간에 등장하는 접속사에 따라 문장을 선택적으로 읽고 답을 추측하는 방법 등의 문제풀이 기법 강의들이 인기를 끌었다. 단기간에 걸쳐서 얻기 어려운 '수학 능력'을 갖추지 못한 학생들은 그런 기법들에 의존할 수밖에 없는 상황이 벌어진 것이다.

이런 공부 방식은 지금도 이어지고 있다. 영어문제를 풀이하고 나서 답을 맞힌 학생들에게 해석을 해보라고 하면 제대로 해석하는 학생이 별로 없다. 어떻게 답을 맞혔느냐고 물어보면 전체적인 내용에 대한 '감'으로 풀었다는 대답이 돌아오고는 한다.

사회가 중요하게 여기는 가치를 교육하고 학습의 정도를 평가하고 그 평가를 기회로 학습을 더욱 장려하는 것이 시험의 의미라면 이렇게까지 할 필요가 있을까? 중요한 문학작품과 사회를 이해하는 데 필수적인 문장들을 어느 정도 범위에서 확정해주고 그것을 충실히 이해했는지만을 평가하더라도 상당히 어려운 작업이 될 텐데 말이다.

　현행 고등학교에서 가르치는 문학 교과서만 하더라도 18종류에 달한다. 그 책들을 다 공부하는 것도 사실상 불가능한데 실제 시험 문제에서는 낯선 작품들이 자주 등장해 학생들을 당황하게 만드는 경우가 많다. 그리고 비문학의 경우 2009년 수능에서는 100점 만점에 41점이 배정되었는데 인문, 사회, 과학, 기술, 예술, 생활언어 등 다양한 지문들이 실제 배우는 교과서 외에서 출제되었다. 학생들이 별로 뾰족한 대책 없이 보는 듣기(9점), 쓰기(15점)까지 고려하면 사실 학생들은 어떤 종류의 지문이 나올지 그 자체를 몰라 학원을 다닌다고 해도 과언이 아니다.

　물론 독해력, 사고력, 추론능력 등을 평가하는 것이 의미가 있다는 사실을 모르는 바는 아니다. 하지만 그런 능력은 단기간에 함양되기 힘든 경우가 많고 단순히 교과서에 실린 텍스트를 열심히 읽고 분석하는 이상의 노력, 즉 개인이 학교 수업이나 독학을 통해서는 할 수 없고 누군가의 도움을 받아야만 하는 상황을 요구한다는 점에서 적절한 시험 방식인지 의문을 품어볼 필요가 있다.

　학력고사 시절만 하더라도 시험 범위가 정해져 있었고 본인이 어디까지 공부했는지, 친구가 어디까지 몇 번을 공부했는지 확인이 가능했다. 스스로의 공부 정도에 대한 가늠까지 가능했다는 점에서 '개천에서 용나는 일'이 가능한 시대였다. 그러나 지금은 사교육의 도움을 받지 않는다면 시험의 유형을 분석하고 거기에 맞는 대책을 세우는 것이 학생이나 학부모들만의 노력으로는 힘든 일이 되어버렸다.

이런 면은 특히 수학에서 심하게 나타난다. 한두 개의 개념을 묻는 문제가 아닌 여러 부문에 걸친 복합적인 문제들이 등장하기 시작한 것이다. 실제로 학교나 학원에서 가르치는 선생님들도 어렵게 느끼는 문제들까지 나오고 있다.

2009년 수능에서 수리 나형 1등급은 원점수 79점, 수리 가형 1등급은 원점수 82점으로 추정된다. 서울 시내의 주요 대학에 갈 수 있는 점수가 80점 정도라면 시험의 난이도가 꽤 높다는 것을 누구나 알 수 있다. 수리 가형 1등급이 원점수 98점이었던 2008년의 쉬운 수능도 문제이지만 예전 학력고사에 비해 어려운 문제들이 많이 출제되는 것도 사교육을 부추기는 원인이 되고 있다. 학생들의 부담을 줄여주기 위해 과목을 줄이자 학생들은 심화학습을 하게 되었고, 그에 따라 문제는 더 어려워져 사교육 증가의 악순환이 벌어지고 있는 것이 현재의 상황이다.

오른쪽 페이지에 나오는 문제를 보면 이해가 될 것이다. 예전 학력고사에서는 단순히 하나의 개념을 묻는 문제들이 많이 출제되었다. 하지만 지금의 수능에서는 몇 가지의 개념과 풀이법을 알아야 한 문제를 겨우 풀 수 있다.

실제로 1997년 수능은 상위 50퍼센트의 평균점수가 400점 만점에 216점에 불과할 정도로 어려웠다. 너무 어려운 수능이 사교육을 부추긴다는 비판으로 2001년에는 상위 50퍼센트의 평균점수가 336점인 쉬운 수능이 출제되었지만 변별력이 없다는 이유로 다음 해인 2002년에는 또다시 어렵게 출제되었다.

14. 반지름이 2, 높이가 10인 직원기둥이 다음 그림과 같이 평면 α와 $60°$의 각을 이루고 비스듬히 놓여 있다. 이 직원기둥의 평면 α 위로의 정사영의 넓이는?

① $10+\pi$
② $10+\sqrt{3}\pi$
③ $20+2\pi$
④ $20+2\sqrt{3}\pi$

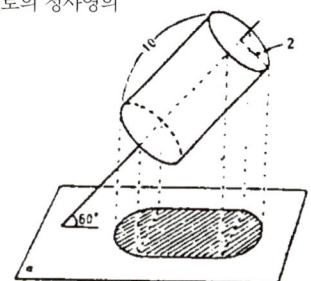

학력고사 문제

15. 그림과 같이 반지름의 길이가 r인 구 모양의 공이 공중에 있다. 벽면과 지면은 서로 수직이고, 태양광선이 지면과 크기가 θ인 각을 이루면서 공을 비추고 있다. 태양광선과 평행하고 공의 중심을 지나는 직선이 벽면과 지면의 교선 l과 수직으로 만난다. 벽면에 생기는 공의 그림자 위의 점에서 교선 l까지 거리의 최댓값을 a라 하고, 지면에 생기는 공의 그림자 위의 점에서 교선 l까지 거리의 최댓값을 b라 하자.
옳은 것만을 〈보기〉에서 있는 대로 고른 것은? [4점]

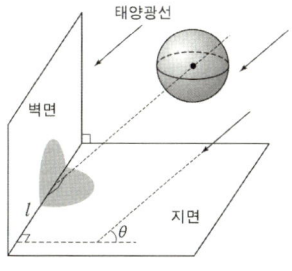

〈보기〉
ㄱ. 그림자와 교선 l의 공통부분의 길이는 2r이다.
ㄴ. $\theta = 60°$이면 a < b이다.
ㄷ. $\dfrac{1}{a^2} + \dfrac{1}{b^2} = \dfrac{1}{r^2}$

① ㄱ ② ㄴ ③ ㄱ,ㄷ ④ ㄴ,ㄷ ⑤ ㄱ,ㄴ,ㄷ

수능 문제

이처럼 정책에 따라 어려운 수능과 쉬운 수능이 번갈아 바뀌고 점수제와 등급제를 왔다 갔다 하는 사이에 학생들과 학부모들만 골탕을 먹고 학원들은 가만히 앉아서 득을 보는 것이다. 2010년 수능은 또 어렵게 출제되어 'EBS 교재만 공부해도 좋은 성적을 얻을 수 있다'던 정부에 속았다는 원성이 쏟아져 나왔다.

이런 일은 수시모집의 논술에서도 벌어지고 있다. 각 대학에서 출제하는 논술 지문들을 보면 참 너무하다는 생각이 들 때가 많다. 다음의 인용문은 2011년 고려대학교에서 시행한 모의논술에 등장한 내용이다. 한번 읽어보고 무슨 뜻인지 생각해보기 바란다.

……… 지금까지 헤겔의 논리학이 거의 주목받지 못했던 이유는 그가 모순이라는 용어를 매우 독특하게 사용했기 때문이다. 이를테면 헤겔은 "객관은 여러 가지 것의 완전한 자립성인 동시에 구별되는 것의 완전한 비자립성이라는 절대적 모순"이라고 했다. 여기서 그가 말하고 있는 모순은 명백히 진술이나 판단 사이의 관계가 아니다. 그것은 논리적으로 거짓인 진술 또는 판단으로도 이해되지 않는다. 오히려 헤겔은 객관적인 것, 우리가 말하고 있는 것 자체에 있는 사태를 보여주기 위해서 모순이라는 용어를 사용하고 있다. 학자들은 이러한 부류의 모순을 '변증법적 모순'이라고 명명하였다.

이 대목을 읽고 내용을 이해할 수 있는 학부모가 얼마나 될지 모르겠다. 그런데 우리 어린 고등학생들이 이 대목을 읽고 과연 이해할 수 있을까? 이런 어려운 글들을 고등학생에 맞게 변형해서 출제하지 않고 그대로 논술 지문에 실어버리는 것은 학생들을 논술 사교육으로 내모는 일밖에 되지 않는다. 그런데 많은 대학들에서 이런 지문들로 논술시험을 보고 있다.

독일에서 철학박사 학위를 받고 귀국한 선배는 몰려드는 논술 강의 요청으로 정신이 없다고 한다. 논술을 위해 철학박사의 과외까지 필요한 지금의 상황을 어떻게 이해해야 할까? 이런 지문들을 볼 때마다 분노가 치밀어 오르는 것은 나뿐일까? 학생들의 상황은 생각하지 않고 이런 지문들을 던져버리는 교수들의 속내가 궁금할 정도이다.

학교에서 논술을 제대로 대비해줄 수 없는 상황이라면 지금처럼 논술시험을 보는 것은 정당하지 않은 일이다. 아니면 논술을 정규 교과목에 편성해서 제대로 수업을 해주어야 한다. 그리고 시험의 내용은 학교에서 배우고 기본서를 열심히 공부한 학생들이 대비할 수 있는 정도의 난이도로 출제되어야 한다. 이렇게 하더라도 얼마든지 변별력을 확보할 수 있다.

올해 시행된 2012년도 수능은 작년과 반대로 또다시 '물수능(쉬운 수능)'이었고 상당한 논란과 비판을 불러왔다. 어려운 시험과 그에 대한 비판으로 또 쉬운 시험, 변별력이 없다는 비판으로 또 어려운 시험을 왔다 갔다 하는 것은 우리 학생들을 혼란에 빠뜨릴 뿐이고 좋은 교육에 결코 도움이 되지 않는 일이다. 준비와 예측이 가능한 더 쉽고 단순하고 명료한 시험을 통해서만 우리 어린 세대들이 자신의 미래를 가늠할 수 있고 '상승에의 열망'을 유지할 수 있다는 사실을 교육정책가들은 잊지 말아야 한다.

사교육 조장하는 나라

빈번한 입시개혁,
그대로 멈춰라!

입시에 임박한 자녀를 두지 않은 부모들에게 대입제도에 대해 물어보면 아는 것이 거의 없다. 심지어 입시에 임박한 자녀를 둔 부모들도 대학에 진학하는 방법에 어떤 것들이 있는지 잘 알지 못한다. 너무 자주 바뀌었고 복잡하게 바뀌었기 때문이다. 제도가 복잡하고 자주 변경되면 일반인들의 접근은 힘들어진다. 그래서 전문가들이 등장하게 된다. 지금의 입시제도는 전문가들의 도움을 받아야만 제대로 알 수가 있다. 정말이지 나쁜 제도가 아닐 수 없다.

예전에는 이렇게 복잡하지 않았다. 본고사를 본다든지, 예비고사를 보고 본고사를 본다든지, 학력고사를 본다든지, 수능을 본다든지 등으로 대학에 들어가는 방법이 단순하게 정해져 있었다.

이렇게 복잡한 제도들이 등장하게 된 것은 '경쟁' 때문이다. 단순하게 시험을 봐서 학생들을 선발하게 되면 학생들을 성적에 따라 한 줄로 세우게 되니 좋지 않은 제도라는 논리이다. '한 줄로 세우기'를 피하기 위해 다양한 제도를 도입해야 하고 그러면 사교육비 역시 줄어들 것이라는 판단이었다.

정원이 정해져 있는데 다양한 접근방법이 존재한다고 해서 경쟁률이 낮아지는 것은 아니다. 다양한 접근방법은 오히려 비용을 증가시키고 사교육을 더욱 조장한다. 일반인들이 접근하기 힘든 여러 제도들이 도입되면 전문가의 도움이 필요하게 되고 그에 따라 비용이 증대하기 때문이다. 거의 모든 학생들이 학원에 다니고 입시컨설팅을 받는 것은 이런 이유 때문이다.

요즘 입시철이 되면 입시컨설팅 업체들은 많은 돈을 벌게 된다. 대학으로 가는 길이 너무나 다양해서 따로 컨설팅을 받지 않으면 그 길을 찾기 힘들기 때문이다.

내가 대학에 진학할 때에는 시험 점수에 따라 지원 가능한 대학이 나열된 한 장의 큰 배치표만 있으면 되었다. 그러나 지금은 그 배치표 자체가 일반인들이 참고하기 힘들 만큼 복잡해져버렸다. 반영되는 과목, 수능과 내신의 비율, 과목별 반영률 등등을 모두 포함한 배치표가 나오기도 힘들거니와 그것을 파악하기도 힘들어졌다. 한 장의 배치표로 일목요연하게 줄 세우기 하는 것도 문제가 있을 수 있지만, 배치표 자체가 일반인들이 이해하기 불가능해져버린 것은 더 심각한 문제이다.

시대와 상황에 맞는 제도를 만들어내고 적용하는 것은 있을 수 있는 일이지만 우리의 교육정책, 입시제도는 지나치게 많은 변화를 겪어왔다. 장기적인 안목에서 상황에 맞게 조금씩 문제점을 개선하는 것이 아니라 정책 담당자의 생각과 이론에 따라 마구잡이로 변화되어왔다. 변화가 있으면 적응해야 할 시간이 필요하다. 그 적응의 시간은 시험을 준비하고 자녀를 대학에 보내야 하는 학생과 학부모들에게는 힘겨운 시간이 아닐 수 없다.

이런 점을 감안해서인지 2007년 김신일 교육부총리는 대학입시제도를 변경하려면 적어도 6년의 유예기간을 두어야 한다고 말했다. 그건 당연한 일이다. 적어도 중학교 1학년부터는 대학입시를 염두에 두고 공부를 하는데 우리는 6년 정도의 유예기간도 두지 않고 '마구잡이 개혁'을 해왔다는 반성에서 나온 말이다.

그간 대학입시제도는 거의 3년 정도의 예고 기간만을 두고 변화되어왔다. 하지만 개별 대학들의 입시제도 변경까지 고려하면 그 변화는 참으로 변화무쌍하다.

대학별 입학시험(1953~54)으로 부정입학 문제가 나타나자 대입 연합고사와 본고사를 실시하다가(1954~61) 결국 대입자격국가고사로 바뀌었다(1962~63). 성적 우수자가 탈락하고 비인가 대학의 정원이 미달하자 1964년 다시 대학별 고사가 부활했다. 입시 위주의 교육과 일류대 문제가 나타나자 또다시 1969년부터 예비고사와 대학별 본고사가 실시되었다. 본고사 실시로 과열 과외가 문제되자 1973년부터 예비고사 본고사에 내신이 포함된다.

1981년부터는 과감하게 본고사를 폐지하고 예비고사와 내신으로 학생을 선발했고, 1982년에는 예비고사의 합격선을 폐지한 학력고사가 등장해 내신과 같이 대입에서 사용되었다. 1986년에는 학력고사 내신과 더불어 대학의 선발기능을 고려해 논술이 다시 포함되었다. 1988년에는 학력고사의 극심한 눈치작전을 막고자 선지원 후학력고사를 보고 내신과 논술이 포함되는 제도로 변경되었다. 1994년에서 96년까지는 수능이 새롭게 도입되고 대학의 자율화 방침에 따라 내신과 더불어 본고사가 부활한다. 또 과열 과외가 문제되자 본고사가 폐지되고 1997년부터는 수능과 논술 그리고 새롭게 학생부가 도입되어 시행되었다.

2002년부터는 수능과 논술 및 추천서 전형이 새롭게 도입되고 심층면접이 등장한다. 2008년에는 수능이 등급제로 바뀌었다가 여러 가지 문제들이 나타나자 2009년 곧바로 폐지되었다. 2014년부터는 수능에서 국영수의 수준별 시험이 도입되고 과목도 대폭 축소된다.

이 정도의 설명만으로도 머리가 핑핑 돌 것이다. 문제가 나타나면 좀 진득하게 그 문제가 무르익을 때까지 기다려야 한다. 문제가 나타날 때마다 기겁해서 마구 대책을 내놓으면 그 대책이 또 다른 문제를 발생시킨다. 우리의 입시제도 변천사는 문제점과 그 해결책, 해결책의 또 다른 부작용과 그것에 대한 해결책이 반복해서 나타나는 모습을 보이고 있다.

위에서 언급한 것은 대략적인 변동만을 정리한 것이고, 실제로 시험의 횟수, 방식, 시험에 포함되고 빠진 과목들, 문제의 숫자, 점수 산정 방식 등이 바뀐 것까지 고려하면 거의 정신이 없을 정도이다. 그리고 각 대학들이 나름대로 가지고 있는 전형방식까지 덧붙이면 학부모나 학생들이 전체적인 입시제도에 대해 조망을 하는 것은 거의 불가능하다고 할 수 있다.

현재 거의 모든 고등학교 3학년에서 수능 이후 진학지도가 제대로 이루어지지 않고 있다. 개별 학생들의 수능 성적과 학생부 성적의 산출방식이 대학별로 전부 다르기 때문에 담임선생은 학생들에게 학교를 정해서 점수를 산출해오라고 말하고 학생들은 학원이나 사설 온라인 입시 기관을 이용하는 경우가 많다.

입시제도가 바뀔 때마다 사교육이 증대하는 것은 말할 필요도 없는 일이다. 본격적으로 입시전형을 다양화하기 시작한 2002년부터 입시학원의 수와 사교육비가 가파르게 증대했다는 것을 오른쪽 페이지의 그래프를 통해 알 수 있다.

이런 상황이 벌어진 것은 입시전형이 어렵고 복잡해졌지만 학교는 거의 손을 놓고 있는 실정이기 때문이다. 논술과 입학사정관, 면접과 적성검사 등에 대해서 학교는 의미 있는 도움을 별로 줄 수 없는 상황이다. 그러니 학생들은 학원에 의존할 수밖에 없고 사교육은 날로 증대할 수밖에 없다. 사교육을 감소시키기 위해 도입한 다양한 전형이 오히려 사교육을 증가시키고 공교육을 망치고 있는 것이다. 사교육이 증가하는 만큼 공교육은 영향력과 신뢰를 잃어가고 있는 것임을 잘 알아야 한다.

좋은 내용을 열심히 가르치고 그것을 잘 평가하면 되는 것이지 이렇게 학교의 공교육과 무관하고 공교육에서 대비해줄 수 없는 복잡한 입시제도를 만들어 운영하는 것이 과연 옳은 일인지 반성해야 한다. 학교와 입시가 따로 노는 상황에서 학생들은 학원으로

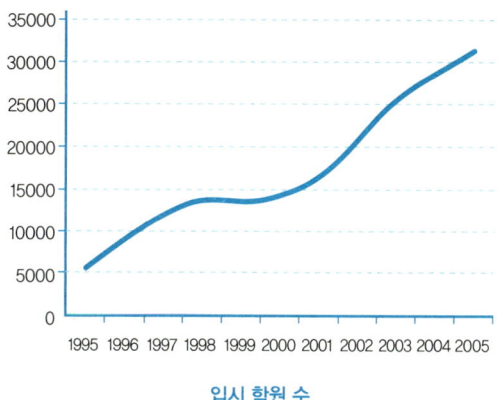

입시 학원 수

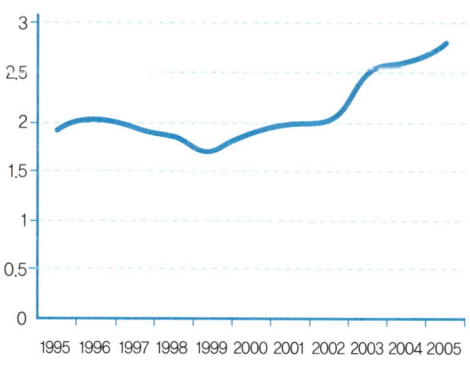

GDP 대비 사교육비 비중(자료: 교육과정평가원)

발걸음을 옮길 수밖에 없다. 입시가 학교의 수업과 무관하게 이루어지는 한 공교육의 파행은 피할 수 없는 일이 된다.

 대통령이 바뀔 때마다, 장관이 바뀔 때마다 그리고 큰 이유 없이 수시로 바뀐 교육정책, 입시제도가 정작 해결한 문제는 별로 없다. 그래서 이제 우리는 교육당국에 대한 신뢰를 완전히 상실하고 말았다. 우리 교육의 위기는 이런 '신뢰의 위기'이며 이는 교육당국 스스로 자초한 일이다.

학교가 정부의 교육정책을 못 믿고, 학생이 학교를 못 믿고, '당리당략을 일삼는 정치가들이 수립하는' 교육정책을 믿지 못해서 발생하는 비용이 바로 사교육비이다. 우리 사회가 발전했음에도 불구하고 교육에 관한 한 우리는 이렇게 낮은 '사회적 자본'을 가지고 있다.

중학교 교사로 출발해 고등학교 교사, 교육학과 교수, 교육대학원장을 거쳐 대학총장이 된 교육학자인 신라대학교 정홍섭 총장은 한 인터뷰(「부산일보」, 2011년 2월 5일)에서 "입시정책은 자꾸 바꿔봤자 혼란만 부추길 뿐 뚜렷한 대안이 나오기 어렵다"고 말하고, "2009 개정 교육과정과 2014학년도 수능 개편안에서 추진하려는 과목 수 줄이기는 결국 국영수 중심 교육 강화로 이어져 전인교육이 무너질 수밖에 없다"고 필자와 동일한 맥락의 비판을 했다.

그는 또 "입시정책 변천사를 되짚어 보면 그동안 시도해보지 않은 정책은 없다"고 말하며 "정권이 바뀌면 그 이해관계에 따라 교육정책이 바뀌는 게 가장 슬픈 일"이며, "세계가 주목하는 핀란드 교육정책의 힘은 일관성에서 나온 것"이기에 "교육이 일관성을 가지려면 정치에서 독립돼야 한다"고 강조했다. "우리나라가 1년에 한 번씩 교육부 장관을 갈아치우는 동안 핀란드는 20년 동안 한 사람의 장관이 교육을 이끌어 왔"으며, "핀란드는 중앙 교육정책도 대통령과는 독립된 위원회에서 장기적인 비전을 가지고 입안하고 실천해나간다"고 지적하기도 했다.

이 책을 쓰는 도중에 이 기사를 봤는데 사실 조금 놀랐다. 내가 하려는 이야기를 너무나 간단명료하게 잘 요약해주셨기 때문이다. 공교육 현장에 있었던 분과 사교육 현장에 있었던 내가 같은 의견이라는 것이 조금 놀라운 일이라는 생각이 들었다.

정 총장의 이런 진단은 그가 현장에서부터 시작한 교육 전문가였기 때문에 가능한 일이 아니었나 하는 생각이 든다. 교육 개혁가들은 이런 '현자(賢者)'의 말에 제발 귀를 기울이기 바란다. 아니면 이런 유행가의 가사를 가슴에 새기고 자신이 하려는 개혁의 빠른 발걸음을 한 걸음만 멈추어주기 바란다.

> 말이라고 모두 다 말 되는 거니
> 어떻게 넌 '개혁'을 말하는 거니
> 그런 말 이해 못해
> 안 들은 걸로 할래
> 아무 말 말고 그대로 멈춰라!

 대한민국 맹모삼천지교,
강남으로 가라?

'중간계층'이 사라지고 사회가 '빈곤층'과 '부유층'으로 이분화되는 현상을 지칭하는 '양극화'라는 말이 어느새 우리 사회에 자리를 잡았다. 어떤 개념이나 유행어가 사회에서 통용되도록 자리를 잡는 것은 쉬운 일이 아니다. 사회적으로 널리 현실화되어 있어서 사회의 구성원들이 충분한 경험을 통해 공감할 수 있어야 하기 때문이다. '양극화'라는 말이 자연스럽게 사용되고 이해되고 있다는 것은 그만큼 양극화가 하나의 살아 있는 '실체'로 경험되고 있다는 것을 의미한다.

'기적'이라 불릴 정도의 성장을 이뤄가던 우리나라가 위기에 직면한 것은 1997년 'IMF 경제위기' 때였다. 그때 우리는 '졸지에' 많은 일들을 당했다. 그때의 충격은 아직도 우리 기억 속에 생생히

남아 있다.

　IMF 경제위기와 그것을 극복하는 과정에서 우리는 '기업도산', '워크아웃', '정리해고', '중산층의 몰락' 등의 말들에 익숙하게 되었다. 그러나 그때만 하더라도 IMF 경제위기가 사회의 전반적인 문제라고 생각했다. 부자든 빈자든, 중산층이든 서민이든, 대기업이든 중소기업이든 모두가 IMF를 자신의 문제로 받아들였고 우리 모두가 똘똘 뭉쳐 헤쳐나가야 할 문제라고 인식했다. 우리 국민 모두는 정말 필사의 노력으로 '똘똘 뭉쳐' 유사 이래 처음 맞은 경제위기와 싸움을 벌였고 결국 승리했다. 한국의 IMF 위기 탈출은 비슷한 일을 경험하는 다른 나라들에 모범적인 사례로 제시되고 있다.

　그때까지도 아직 '양극화'라는 말은 사회적으로 나타나지 않았다. 지니계수 등 불평등을 나타내는 경제지표가 악화되고 있었지만 정작 '양극화'란 말이 우리의 피부 속까지 파고든 것은 부동산 가격의 급등 이후였던 것 같다. 강남의 아파트에 뒤이어 각 지역의 아파트 가격이 급등하면서 '양극화'란 말이 무엇을 의미하는지 온몸으로 느끼게 되었다.

　나는 부동산 가격이 급등하기 직전에 아파트를 구입했다. 여러 해 동안 힘들게 돈을 모으고 대출을 받아서 지금 살고 있는 아파트를 장만했다. 그런데 비슷한 시기에 내 친구는 강남의 아주 비좁고 낡은 아파트를 우리 집보다 더 비싼 가격에 구입했다.

　넓고 깨끗한 새 아파트를 살 수 있는 돈으로 강남의 좁고 더러운 아파트를 구입하는 것이 좀 의아했다. 그래서 그 이유를 물었더니 친구와 그 부인은 빙그레 웃으면서 나에게도 빨리 그곳에 집을 사라고 했다. 그 부부는 세상 돌아가는 일에 아주 민감한 감각을 가지고 있어서 강남의 아파트 가격이 급등할 것이라는 정보를 이미 가지고 있었던 것이다.

나는 당시 그들의 말에 귀를 기울이지 않았다. IMF 경제위기를 극복하는 과정에서 통화량이 증가해 인플레이션이 오는 것이 필연적이므로 실물을 구입해야 한다고 학생들을 가르치고 있었지만 정작 나는 투자적인 판단보다는 생활의 편리를 앞세워 지금의 집을 구입했다.

지금 내가 살고 있는 동네는 내가 신혼살림을 시작한 곳이다. 두세 걸음이면 집안의 모든 곳에 도달할 수 있는 아주 좁은 곳에서 우리는 신혼을 시작했다. 아내와 보라매공원을 자주 산책했고 가까운 신림동 순대촌에서 순대볶음을 먹기도 했고 모교인 서울대와 관악산을 오르내리기도 했다. 대학시절 이후 살아왔던 동네를 결국 떠나지 못하고 '투자'보다는 '추억'을 택한 것이다. 이런 내 선택을 친구들은 이해하지 못했다. 그때 강남으로 옮긴 친구들은 지금도 그때의 내 선택이 잘못된 것이라고 말하고는 한다.

친구들의 말이 옳을 수도 있다. 사실 지금 강남은 아파트 가격이 너무 올라서 가고 싶어도 갈 수 없는 곳이 되고 말았다. 2010년 3월 부동산뱅크에서 실시한 조사에 따르면 도시 근로자가 강남에 33평형 아파트를 사기 위해서는 월급을 한 푼도 쓰지 않고 19년 4개월을 모아야 하는 것으로 분석됐다.

이제 이런 일은 단지 강남과 비강남의 문제만도 아니다. 내가 처음 살던 연립주택에 현재 사는 사람들은 같은 동네의 아파트를 구입하는 것이 힘들어졌다. 입에 담기도 싫지만 이제 연립주택과 아파트가 나뉘고 강남과 비강남이 분리되어 가고 싶어도 가기 힘든 상황이 되어버렸다. '넘을 수 없는 4차원의 벽'이 우리를 가로막고 있기 때문이다.

'양극화'란 말은 이제 추상적인 어떤 개념이 아니라 우리가 삶의 현장에서 매일 느끼는 현실이 되어버렸다. 이와 더불어 대도시에서 '지역별 계층화 현상'이 이전보다 더 심화되고 있는 것이 현실이다. 이런 현상을 반영한 '2011년 수도권 계급표'라는 것이 한 온라인 커뮤니티 사이트에 올라 화제가 되기도 했다.

아파트 가격이나 전세 가격이 지역별로 큰 차이가 나는 상황을 보여주는 그 표에서 흔히 교육특구라고 불리는 목동, 대치동, 압구정동 등은 황족이나 왕족, 중앙귀족에 편입되어 있다. 그리고 중인과 지방호족 사이에는 '넘을 수 없는 4차원의 벽'이 가로막혀 있다. 더 이상 신분상승은 불가능하다는 말이다.

이런 부동산 계급표까지 등장하게 된 지역별 계층화 현상의 밑바닥에는 '교육을 통한 상승에의 열망'이라는 우리의 오래되고 강한 열망이 깔려 있다. 강남으로, 대치동으로, 목동으로 이사를 가는 것은 대부분 자녀교육 때문이다. 앞에서 이야기한 내 친구도 아이들 교육이 끝나면 집을 팔고 주변의 넓은 집으로 이사 가겠다는 말을 자주 한다.

맹자가 어렸을 때 묘지 근처에 살았더니 장례를 지내는 흉내를 내고, 시장 근처로 옮겼더니 물건을 파는 흉내를 내고, 다시 서당 근처로 옮겼더니 공부를 했다고 하는 '맹모삼천지교'를 본받아서인지, 우리의 부모들은 자녀들에게 좋은 교육환경을 찾아 시골에서 도시로, 주변도시에서 서울시내로, 서울시내에서도 목동 대치동 압구정동으로 맹렬한 이동을 계속하고 있다.

맹자의 모친처럼 좋은 교육환경을 따라서 이동을 하는 것 자체를 나쁘다고 할 수는 없다. 하지만 지금의 문제는 지역별로 교육수준과 교육여건이 차별화되고 있다는 점이다. 즉, 교육을 중심으로 지역별 계층화 현상이 너무나 뚜렷하게 나타나고 있다는 점이다.

사실 삶의 터전을 바꾼다는 것은 쉬운 일이 아니다. 그런데도 우리 부모들은 자녀교육을 위해 많은 것들을 희생하며 삶의 터전을 바꾸려고 노력한다. 수준 높은 부모와 아이들이 있고, 좋은 학교들이 모여 있고, 잘 가르치는 학원들이 밀집해 있고, 교육에 대한 관심이 넘쳐흐르고, 교육에 대한 정보를 손쉽게 얻을 수 있는 것을 기준으로 각 지역의 순위가 매겨지는 '교육의 지역 계층화 현상'이 이제는 엄연한 현실이 되었다. 그래서 목동 대치동 강남 등의 아파트 단지들은 가격도 비싸고 주거환경도 좋지 않지만 교육을 위해 다른 것들을 희생해서라도 가고 싶은 곳이 되었다.

한번은 내가 목동에서 운영하는 학원에 한 어머님이 초등학교 5학년 학생을 데리고 오셨다. 이제 막 경기도에서 목동으로 이사를 와서 학원을 찾는 중이었다. 목동에는 학원이 너무 많아 오히려 선택하기가 힘들다고 말하며 학생의 학업에 대해 오랜 시간 상담을 하셨다.

내가 왜 이사를 왔냐고 물었더니 딸이 실력이 월등해서 영재교실에도 다녔는데 서울로 가는 것이 어떻겠냐는 주변의 권유로 그나마 살던 곳에서 가까운 목동으로 이사를 하게 되었다고 하셨다. 딸의 실력에 대해서는 상당한 자신감을 가지고 계셨다.

나는 학생의 실력에 대해 자세히 점검을 했다. 그리고 선행학습은 많이 했지만 기본개념과 정의에 대한 철저한 정리가 부족하고 심화학습은 오히려 제대로 되지 않았다는 진단을 내렸다. 우리 학원에서 공부하는 다른 학생들과 비교한다면 중간 정도의 실력을 가진 학생이었다. 어머님은 크게 실망하며 돌아가셨다. 그리고 며칠이 지나 학생을 다시 데리고 와 등록을 하셨다. 그 학생은 성실하게 수업을 잘 듣고 있고 바뀐 동네에도 다행히 잘 적응하고 있다.

다른 지역에서 목동이나 대치동 등 흔히 '교육특구'라고 불리는 곳으로 전학을 오게 되는 경우 학생이나 학부모가 적응에 실패하는 경우도 상당히 많다. 변화된 환경에 적응하지 못해 우울증에 걸리는 학생들도 있다. 전에 살던 지역에서는 공부뿐 아니라 다양한 활동들을 했는데 이런 지역들은 대부분 공부를 중심으로 모든 활동들이 이루어지기 때문이다.

내 친구 중 한 명은 자녀교육을 위해 강북에서 강남 잠원동으로 이사를 했다. 내 친구의 아들은 초등학생이지만 워낙 성실해서 오후에 친구들과 축구를 하기 위해 새벽 일찍 일어나 해야 할 과제를 미리 다 하는 습관이 있다. 그래서 잠원동으로 이사를 하고 나서도 그렇게 했는데, 학교를 마치고 친구들과 축구를 하기 위해 운동장에 갔더니 아무도 없더라는 것이다. 전에 살던 지역과는 달리 이곳의 친구들은 학교를 마치고 운동장에 모여서 노는 것이 아니라 과외를 하거나 학원에 가기 때문에 학교 운동장에는 아무도 없었던 것이다. 친구의 아들은 그래서 시무룩하게 며칠을 보냈고 이제는 더 이상 새벽에 일찍 일어나지 않는다고 한다.

또한 교육을 위해 이 지역으로 새롭게 이사 오는 학생들이 많다 보니 원래 이 지역에 사는 친구들과 갈등을 일으키기도 한다. 압구정동에서 중3 학생을 가르친 적이 있는데 언제 압구정동으로 이사 왔냐고 물었더니 아주 기분 나빠했다. 내가 의아해하며 이유를 묻자 중학교 1학년 때 압구정동으로 이사를 왔는데, 어떤 친구가 "아빠가 돈 좀 벌었나 보네. 여기로 이사 온 것 보니"라고 말하는 걸 듣고는 충격을 받아 그 이후로 그런 질문을 싫어한다고 했다. 이후에는 적응을 잘했지만 처음에는 많이 힘들었다고 한다.

심지어 원래 이 동네에 사는 친구들은 '진골', 엄마 아빠가 열심히 일해서 이사를 온 친구들은 '6두품', 엄마 아빠는 다른 지역에서 기반을 잡고 있고 학생만 온 경우에는 '지방 호족'이라는 식으로 계급이 나뉘어 있다는 말을 들은 적도 있다.

이런 여러 문제들이 있고, 전세나 집값도 비교할 수 없이 비싸고, 생활 여건이 별로 좋지 않은데도 불구하고 왜 이런 이동이 일어나는 것일까? 좀 천박하게 느껴지지만, 우선은 생활수준이 비슷하거나 더 좋은 사람들과 함께 살아야 한다는 생각이 있는 것 같다. 경제적이고 정신적인 차원에서 자신이 어느 정도의 수준에 있다고 생각하는데 이웃은 그 수준에 맞지 않아서 더 높은 수준의 동네로 이사를 가야 한다고 말하는 사람들을 나는 많이 봐왔다. 그리고 그 수준에는 '교육수준'이 깊이 연관되어 있다.

경기도에서 목동으로 이사를 온 학부모도 이런 것을 포함한 여러 이야기를 나중에 해주었다. 우선 목동의 학생들은 생각했던 것보다 공부를 더 많이 하고 있으며 실력도 상당하다고 말했다. 이전에 살던 곳에서는 딸이 최고의 실력을 가지고 있다고 자부했는데, 이곳에 와보니 선행학습과 심화학습의 정도가 비교할 바가 아니었다고 한다.

또 학부모들이 자녀교육에 관심을 많이 가지고 있고, 교육정책의 변화와 흐름에 대해 민감하고, 구체적이고 정확한 지식을 가지고 대비를 하고 있어서 너무 좋다는 말도 했다. 이전에 살던 곳에서는 도대체 무엇을 어떻게 준비해야 할지 잘 몰랐는데, 목동에 오고 나서는 엄마들과 만나서 이야기만 하더라도 고급정보를 얻을 수 있다는 것이었다. 그리고 목동에 오니 학원이 많아서 선택의 폭이 넓어졌다고 말했다. 전에는 기껏해야 몇 개 학원들 중에서 선택할 수 있었는데 이제는 수십 개의 학원들 중에서 마음에 맞는 학원을 선택할 수 있어서 좋다고 했다.

그 어머님은 이런 여러 좋은 점들에도 불구하고 이곳에 사는 것은 문제가 많다고 말씀하셨다. 우선 집값이 너무 비싸다. 전에 살던 집을 전세로 놓고 이곳에 전세를 얻었는데 가격 차이가 1억 원을 훌쩍 넘어선다고 했다. 그곳의 집을 팔아도 이곳의 전세 가격밖에 안 되니 집을 팔 수도 없고 은행 대출을 받을 수밖에 없었다고 했다. 넓은 평수로 갈 수도 없어서 좁은 평수로 왔는데 혹시 딸이 상처를 받지 않을까 염려된다고 했다.

아파트의 크기와 종류에 따라서 엄마들의 모임도 다른 것 같고, 경제적인 능력에 따라 평가받는 점이 이전보다 더 심해 마음에 불편한 구석이 있다고도 했다. 방학이면 어학연수를 떠나는 친구들도 많아 그렇게 할 수 없는 딸이 마음 상하지 않을까 걱정이라고도 했다.

이런 복잡하고 어려운 상황에도 불구하고 교육여건이 좋은 곳을 찾아 이동하는 지역별 계층화 현상이 이어지는 원인은 이 어머니가 잘 지적하고 있듯이 교육여건과 정보와 관심이 지역에 따라 격차가 크기 때문이다. 그리고 그 여건의 핵심은 교육에 투자할 수 있는 경제력이다. 교육에 대한 정보가 많고 그 정보를 살 수 있는 경제력이 있는 사람들이 특정 지역에 몰리게 되고 그 지역별 격차는 날이 갈수록 더 커지고 있다. 결국 경제적인 능력이 자녀의 교육을 좌우하는 상황이 되어버린 것이다.

그런데 이런 현상이 나타난 원인이 무엇인지 생각해봐야 한다. 10년 전만 하더라도 이 정도는 아니었다. 그런데 왜 최근에 이런 현상이 더 강하게 나타나고 있는 것일까? 그것은 무엇보다 교육정책, 입시정책을 일반인들이 접근조차 할 수 없는 어려운 문제로 만들었기 때문이다. 자녀를 잘 교육해 성적을 올리고 좋은 대학에 진학하도록 하기 위해 도대체 무엇을 해야 할지조차 모르도록 만든 것은 학생도, 학부모도, 학원도 아니다. 이런 상황을 만든 것은 바로 교육당국이다.

지금 우리는 전체적인 교육과정이 어떻게 구성되어 있는지 잘 모른다. 시험이 어떤 방식으로 출제되는지도 잘 모르고 어떤 책을 어떻게 공부해야 자녀가 좋은 성적을 얻을 수 있는지도 잘 모른다. 관심을 가지고 교과과정과 시험을 살펴보면 되겠지만 자고 나면 변화하는 제도를 성실하게 따라갈 만큼 여유 있는 삶을 살고 있지 못하다. 해가 갈수록 오르는 전셋값을 따라가기도 힘들기 때문이다. 그래서 결국은 교육에 관심이 많은 학부모들이 모여 있는 곳으로, 좋은 학생들과 좋은 학원들이 모여 있는 곳으로 이사를 갈 수밖에 없다. 그런 곳에서 그런 분위기에 휘말려서라도 자녀가 좋은 대학에 진학하기를 바라기 때문이다. 이제 이런 상황은 '선택적 상황'이 아니라 '필수적 조건'이 되어버렸다.

교육정책, 입시제도가 복잡해질수록 교육과 연관된 지역의 계층화 현상은 더욱 심해지며 이를 통해 '교육의 양극화'는 더욱더 심화되고 있다.

지금 초등학교에서는 영어교육이 제대로 이루어지지 않고 있다. 그런데 2013년에는 말하기와 작문까지 포함된 국가영어능력평가 시험을 본다고 한다. 지금 학교에서 논술에 대한 정규 수업과 첨삭 지도는 없다. 그런데 수시와 입학사정관제에서 논술은 중요한 비중을 차지한다. 지금 학교에서 학력이 뒤떨어지는 학생에 대한 보충수업이나 우수한 학생들에 대한 심화학습은 이루어지지 않고 있다. 지금 학교에서 다양한 대학입시 전형에 대한 개인별 입시 지도는 이루어지지 않고 있다. 하지만 수백 개의 전형방법들이 혼란스럽게 존재하고 있다.

도대체 어떻게 하라는 말인가? 이런 상황에서 학생과 학부모들이 사교육에 의존하지 않고 교육문제를 해결하는 것은 불가능하다.

복잡하게 변화하는 입시제도, 교육정책을 따라가야 하고, 학교에서 대비해주지 않는 논술이나 입학사정관, 수시모집의 면접이나 적성검사에 대해 좋은 사교육을 받을 수 있는 지역을 찾아 가야 한다. 학교의 내신성적마저 정시모집에서는 정작 큰 비중이 없어진 상황에서 교육의 양극화, 지역적 편차가 심화되는 것은 필연적인 일이다.

내가 처음 학원강사를 시작한 곳은 봉천동이었다. 학교에 다니면서 자취를 한 곳이 봉천동이었기 때문이다. 내가 처음 강사를 시작하며 가르쳐서 좋은 대학에 진학한 친구들은 거의 대부분 가정형편이 넉넉하지 않았다. 그때만 하더라도 학교에서 열심히 공부하고 학원 하나 정도만 다닐 수 있더라도 충분히 대학입시를 준비할 수 있었다. 그렇게 공부한 친구들이 서울대, 연·고대 그리고 의대, 한의대, 치과대 등 본인이 목표로 하는 좋은 대학과 학과에 진학했다.

나는 그 친구들을 지금도 만나고 있다. 그들에게 지금과 같은 제도라면 너희들이 그렇게 좋은 대학에 들어갈 수 없을 거라고 말하고는 한다. 그들도 나의 말에 대부분 동의한다. 이렇게 복잡하고 어렵게 입시제도가 바뀌기 전에 대학에 간 것을 다행이라고 생각하고 있다.

이런 상황은 명백히 바뀌어야 한다. 우리 사회를 활력 있는 사회로 유지시켜준 것은 교육을 통한 신분상승이 가능한 사회적 제도가 존재했기 때문이다. 그런 제도가 존재했기에 '교육을 통한 상승에의 열망' 또한 의미를 가질 수 있었다. 돈이 있건 없건, 사교육의 도움을 받을 수 있건 없건 우리 학생들이 스스로의 노력으로 상승의 계단을 한 계단씩 오를 수 있는 제도를 만들어야 한다. 부모의 경제력에 따라 자녀의 학력이 좌우되는 지금의 입시제도는 무슨 일이 있어도 개편되어야 한다. 그래야 진정으로 실력이 있는 학생들을 가려낼 수 있고 우리 사회가 더 강해질 수 있다. 정말 실력이 있는 학생들의 손에 우리의 미래를 맡겨야 하지 않겠는가?

CHAPTER 03

다시, 개천에서 용나게 하라!

복잡한 입시제도, 무엇을 해야 하나?

우리는 그 어느 민족도 가지지 못한 '교육을 통한 상승에의 열망'을 가지고 역사를 발전시켜왔다. 그 열망이 '개천에서 용이 나는' 일을 가능하게 해주었고, 오늘날의 놀라운 발전을 이루어주었다. 이런 좋은 전통이 앞으로도 계속 이어져야만 한다는 것이 이 책의 주제이다. 하지만 지금의 교육제도는 이런 좋은 전통을 뒤흔들고 있으며 '강남에서만 용이 나는' 방향으로 움직이고 있다.

우리는 나쁜 교육정책에 기초한 제도를 비판하고 그것을 개선할 방법을 찾아야 한다. 비록 일반인들이 좋은 교육정책을 수립하는 일에 직접적인 영향을 미치기는 힘들지만, 교육정책의 문제점들을 잘 알고 그것에 대해 비판적인 목소리를 내는 '각성된 시민'이 될 수 있다면 좋은 교육정책을 위한 사회적 지혜를 모아가는 작은 씨앗들이 될 수 있다. 그리고 이런 목소리들이 사회적인 운동의 차원으로 승화될 계기가 분명히 있을 것이라고 생각한다.

이런 노력들에 더해 지금의 혼란하고 복잡한 교육제도에서 어떻게 어린 세대를 잘 교육해 좋은 미래를 준비시킬 것인가 하는 것이 또한 중요한 문제가 아닐 수 없다. 이 장에서는 현재의 교육제도가 전반적으로 어떻게 운영되고 있고 어떻게 적응하는 것이 좋을지에 대해 살펴보고자 한다.

2012년 대입의 경우 대학에 진학하는 모든 전형의 방법의 수는 3,678개라고 추산된다. 한국대학교육협의회의 공식 발표이다. 한심한 노릇이 아닐 수 없다. 생업에 종사하는 보통 사람들이 이 정도 숫자의 전형을 통달하는 것은 불가능한 일이다. 어떤 전형들이 어떻게 존재하는지를 구체적으로 알기 위해서는 한국대학교육협의회 홈페이지나 시중에 나와 있는 두툼한 대학입시자료집을 활용하는 수밖에 없다. 그럼 여기에서는 전체적인 윤곽과 맥락을 설명해보도록 하겠다.

우선 현재 대학에 가는 길은 입학사정관제도를 수시모집에 포함시킨다면 수시모집과 정시모집으로 크게 나눌 수 있다. 수시모집이란 고3 학기 중에 대학별로 모집하는 방식을 말하는데, 학생부, 논술, 면접, 서류, 적성검사 등을 이용하여 선발하는 방식이다. 수능과 무관하게 선발이 이루어질 수도 있고 모집 전형에 따라서는 수능에서 최저 등급을 요구하는 경우도 있다. 정시모집이란 수능을 본 이후 수능, 논술, 면접, 학생부, 서류 등 다양한 전형 자료를 이용해 선발하는 방식을 말한다.

　최근의 추세는 수시모집이 증가하는 쪽이다. 전체 정원의 60퍼센트 이상이 수시모집으로 선발되고 수시모집의 일종이라고 할 수 있는 입학사정관제 전형도 증가하는 추세이다. 이는 우선 정부에서 사교육비를 감소시키기 위해서 교과과목에 대한 성적보다 학생의 잠재력이나 비교과적인 측면을 평가해 선발하도록 대학에 장려하고 있기 때문이다. 대학들도 우수 학생들을 미리 선발할 수 있고 전형을 통한 수입도 상당하기 때문에 수시모집 선발 인원을 늘리는 것을 꺼리지 않는 분위기이다.

　교과부의 발표에 따르면, 전국 4년제 대학들이 입학전형료로 벌어들인 수입이 2011학년도 입시에서는 2,295억 원, 2012학년도에는 2,500억 원으로 2년 연속 2,000억 원이 넘었다고 한다. 좋은 학생들을 자기 대학의 선발 기준으로 미리 뽑을 수 있고 대학이 학생 선발의 주도권을 가지게 되니 앞으로 수시모집 선발 인원은 특별히 사회적인 문제가 발생하지 않는 한 증가일로에 있다고 보면 될 것 같다.

　수시모집의 증가는 정시모집의 축소를 의미한다. 이는 이미 낮은 내신성적을 받았거나 학생생활부의 기록이 빈약하거나 다양한 활동을 하지 않아 이른바 '스펙(경력)'이 없는 재학생이나 재수생의 경우 대학입시의 문이 지속적으로 좁아진다는 뜻이다. 다른 말로 재학생의 경우 일차적으로 수시모집이나 입학사정관제로 대학에 진학하도록 준비를 해야 한다는 말이다.

　재학생들은 수시모집에서 대학에 진학하지 못한다면 재수생들과 경쟁을 해야 한다. 이때 내신에 대한 부담이 없이 수능 준비에만 몰두하는 재수생에 비해 상당히 불리한 상황에서 경쟁을 해야 한다. 결국 자신도 재수를 하게 될 수 있다는 점을 염두에 두어야 하는 상황인 것이다.

그렇다면 모든 고등학생들이 가장 우선적으로 준비해야 하는 것은 수시모집으로 대학에 진학하는 일이다. 수시모집으로 대학에 진학하기 위해서는 우선 학생부 성적을 잘 받아야 한다. 즉, 내신이 좋아야 한다.

수시모집은 일반전형과 특별전형으로 나눌 수 있다. 일반전형은 학생부를 중심으로 뽑는 전형이 있고 학생부와 더불어 논술, 면접, 적성검사 등의 대학별 고사를 전형자료로 삼는 전형이 있다. 학생부만 보는 전형보다는 학생부와 대학별 고사를 반영하는 전형의 비율이 더 높다고 생각하면 된다.

특별전형은 입학사정관 전형과 수학이나 과학의 성적 우수자, 외국어 우수자, 리더십 등을 평가해 선발하는 특기자 전형이 있고, 농어촌 특별전형이나 저소득층 특별전형, 사회기여자 특별전형 등 사회배려 전형이 있다. 대략적인 비율은 학생부 전형 20퍼센트, 학생부와 대학별 고사 전형 55퍼센트, 입학사정관 10퍼센트, 특기자 전형 15퍼센트, 사회배려 전형 5퍼센트 정도라고 생각하면 된다.

수시를 통해 대학에 진학하는 것이 가장 빠르게, 큰 비용 없이 대학에 들어가는 것이므로 가장 바람직하다 할 수 있다. 그러므로 우선은 내신에서 좋은 성적을 받아야 한다. 학생부를 통해서만 뽑는 경우가 20퍼센트나 되고, 대학별 고사가 포함되는 전형이 있다해도 일단 학생부에서 좋은 성적을 받아놓는 것이 모든 면에서 유리하기 때문이다.

그러므로 학생들은 학교생활을 성실하게 해야 한다. 학생부에는 학생의 학교생활과 활동에 대한 교사의 평가가 포함되기 마련이고 입학사정관제에 의한 전형 등에서는 교사 추천서가 중요한 역할을 하는 경우가 있으므로 성실한 학교생활이 가장 기본적으로 중요한 일이다.

물론 대학에 진학하기 위해서 성실하게 생활하는 것이 아니라 성실한 학생들이 좋은 대학에 진학하는 것이다. 따라서 학교생활을 성실하게 하는 것은 모든 학생이 기본적으로 해야 할 일이다. 내신이든 수능이든 입학사정관이든 모든 입시가 성실한 학교생활을 바탕으로 이루어진다는 점을 학생들은 반드시 명심해야 하고, 학부모들도 그렇게 지도해야 한다.

수시모집에서 성공하기 위해서는 내신에서 좋은 성적을 얻어야 하고 논술과 면접을 대비해 광범위한 독서와 실전 연습을 해야만 한다. 이런 점에서 현행 입시제도에서는 사교육을 피할 수 없게 되어 있다. 학교에서 정규과목을 통해 논술이나 면접에 대한 깊이 있는 교육을 하지 않고 있으니 말이다.

사실 논술과 면접은 단기간에 그 능력을 향상시킬 수 있는 것이 아니다. 현재 초등학생이나 중학생 자녀를 둔 학부모라면 아이의 장래를 위해 책을 많이 읽게 하고 그것을 말이나 글로 표현하는 연습을 많이 시켜야 한다.

많이 안다고 해서 잘 표현하는 것은 아니다. 많이 아는데도 그것을 짜임새 있게 표현하는 일에 서툰 학생들이 많다. 면접이나 논술은 짧은 시간 동안 자신이 알고 있는 것들을 다 표현해야 하므로 평소에 그런 연습을 지속적으로 해두는 것이 필요하다. 일기를 쓰거나 작문을 하거나 토론을 하는 연습을 지속적으로 해두지 않으면 나중에 큰 문제가 될 수 있다.

많은 시간을 들여 지속적으로 연습해야 실전에서 실수하지 않고 잘 해낼 수 있는 것이 논술이나 면접이다. 실전에서는 평소의 실력이 그대로 드러나게 되어 있기 때문에 많이 읽어서 많이 알고 느끼는 것도 중요하지만 그것을 잘 쓸 수 있고 잘 표현할 수 있도록 준비해두어야만 한다.

'무대공포증'이 있어서 논술이나 면접에서 실패하는 학생들도 있다. 평소에는 말도 잘하고 글도 잘 쓰는데 시험장에만 가면 너무 떨려서 자신이 알고 있는 것을 제대로 표현하지 못하는 경우이다. 만약 소심해서 발표력이 부족하다면 이런 점을 개선하기 위한 노력을 빨리 시작해야 한다. 면접이나 논술에서는 결코 침묵이 미덕이 아니다. 아는 것을 당당하게 표현할 줄 아는 학생을 선발하는 것이 수시모집의 중요한 평가기준이라는 것을 잊지 말아야 한다.

어릴 때부터 이런 연습을 지속적으로 시키는 것이 필요하지만 입시를 목전에 둔 학생이라면 논술학원이나 면접학원을 다니면서 준비를 할 수도 있다.

그런데 문제는 수시모집의 전형이 단순히 내신과 논술 혹은 면접에서 끝나지 않는다는 데 있다. 많은 대학들이 수시모집에서도 수능 점수의 최저학력선을 요구하고 있다. 그러므로 논술과 면접에 지나치게 많은 시간을 투자할 경우 수능에서 좋은 점수를 얻지 못해 결국 합격해놓은 수시에서도 탈락하는 일이 빈번히 일어난다. 많은 학생들이 이런 이유로 재수를 하게 된다.

그러므로 수시모집을 위해 논술과 면접을 준비하더라도 결국 수능이 중요한 정시모집까지 갈 수도 있다는 사실을 항상 염두에 두고 공부를 해야 한다. 학생과 학부모들을 도와주다 보면 이 부분이 가장 어렵다. 수능을 회피하고 수시에 '올인'하겠다는 학생들이 너무 많기 때문이다.

비슷한 맥락에서, 수시모집에서 선발하는 비중이 점차로 확대되고 있는 것은 사실이지만 그만큼 경쟁률도 높다는 점을 잊지 말아야 한다. 주요 대학의 수시모집 경쟁률은 10대 1은 기본이고 50대 1에 가까운 경우도 있다. 2011년 대입 수시모집 평균경쟁률은 26.55대 1이었고, 2012년은 33.28대 1로 사상최고를 기록했다. 현행 입시제도가 당분간 지속된다면 이런 현상은 점점 더 심화될 것이다.

이처럼 높은 경쟁률을 뚫고 수시모집에서 합격하는 것이 결코 쉬운 일은 아니다. 게다가 수시모집으로 대학에 들어갈 수 있다는 보장이 없기 때문에 수시모집 전형요소를 준비하느라 수능을 제대로 준비하지 못하면 결국 정시모집에서도 지원할 대학이 없어진다. 재학생의 경우 대학 진학에 실패하는 이유가 대부분 이런 이유들이다. 논술이나 면접, 적성시험에 지나치게 많은 시간을 할애해 준비를 하다가 수능을 망치게 되고 결국은 대입에 실패하게 되는 경우가 많다.

수시모집 전형의 확대에 따라 내신성적이 좋지 않은 재수생들에게 불리한 점이 있다는 점을 앞에서 말했지만, 사실 내신의 실질반영률이 높지 않은 대학에서는 수학문제 한두 개로 내신 몇 등급의 점수를 만회할 수 있는 경우도 많다. 그러므로 재학생이든 재수생이든 정시모집의 수학능력시험을 등한시할 수 없는 상황이다.

수시모집의 비중이 높아질수록 재학생이 강세를 보일 것이라는 예측과 달리 합격생 중 재수생의 비중이 상당히 높은 것이 현실이다. 2010년 재수생의 합격 비율을 살펴보면, 서울대 24.5퍼센트, 고려대 47.4퍼센트, 연세대 43.3퍼센트, 성균관대 61.3퍼센트, 한양대 53.6퍼센트에 달한다. 정시모집의 경우 서울대는 2010년 32.2퍼센트 2011년 35퍼센트, 한양대는 2010년 44퍼센트 2011년 50퍼센트, 이화여대는 2010년 33퍼센트 2011년 39.8퍼센트가 재수생으로, 수능에만 전념을 하게 되는 재수생의 비중이 상당히 높다는 것을 알 수 있다.

이런 점을 보면 수시모집의 비율이 증가하고 있지만 결국 수시모집을 통해 재학생의 많은 수와 재수생의 일부가 합격하고, 정시모집을 통해 재수생들이 많이 합격하게 되어, 결국은 재학생들이 원하는 대학에 진학하기 위해서는 재수를 해야 하는 것이 사회적인 관행처럼 되어가고 있다는 말이 된다. 그래서 재학생들은 수능에 방해가 되지 않을 정도로 논술과 면접을 준비해야 하고, 그 결과 수시모집에서 합격하는 것은 '덤'으로 생각해야 한다.

결국 수능을 보고 나서 지원하게 되는 정시모집까지 염두에 두고 공부를 하는 것이 힘들지만 가장 안전한 방식임을 항상 기억하고 있어야 한다. 당장 수시에 합격해야겠다는 욕심에 이런 충고는 무시하고 싶겠지만 이 점을 깊이 새기지 않는다면 재수를 하게 될 가능성이 더 높아짐을 알아야 한다. 내신성적이 아주 우수한 학생들은 수시모집을 위해 내신과 논술, 면접에 전념하고, 중간 정도의 성적을 가진 학생들은 수시를 위한 논술, 면접과 더불어 수능을 준비하고, 성적이 낮은 학생들이나 재수생들이 수시모집으로 대학에 가는 것을 포기하고 수능에 집중하는 것이 현재 대학입시를 위한 일반적인 방향인 것이다.

　이러다 보니 학생들은 내신과 논술, 면접, 수능을 위한 국어 영어 수학 등의 과목을 다 준비해야 하는 어려운 상황에 놓이게 된다. 앞에서 지적한 대로 대학의 전형방법들이 다 다르다 보니 사실상 '미로 찾기'와 마찬가지의 상황이 벌어지는 것이다.

　이런 제도는 우리 같은 보통 사람들이 준비하기에는 너무나 힘겨운 제도이다. 보통 사람들을 힘들게 하는 이 어렵고 복잡한 제도가 더 단순하고 쉬운 제도로 바뀌는 것이 필요하지만 당분간 그럴 것 같지는 않다. 국가에서 2014년에는 또 새로운 수능제도로 개편한다고 하니 말이다.

　어렵고 복잡한 제도가 단순하고 쉬운 제도로 바뀔 수 있도록 모두 함께 노력해야겠지만, 그 전에 우리 나름대로 대책을 마련해야 한다. 혼란스러워 갈피를 잡지 못하겠지만 이럴 때일수록 '기본'에 충실해야 한다. 세부적인 대입제도들 때문에 이리저리 휘둘릴 것이 아니라 '기본'에 충실한 교육을 해나간다면 반드시 좋은 결과가 있을 것이다. 그 '기본'은 다음의 세 가지로 요약될 수 있다.

첫째, 독서를 조직적으로 하고 표현하는 연습을 할 것
둘째, 영어 수학 등 중요 과목을 튼튼히 할 것
셋째, 학교생활을 충실히 할 것

독서는 수시모집에서의 면접과 논술뿐 아니라 수능의 국어와 영어를 위해서도 필수적이다. 독서가 단지 입시를 위해서가 아니라 좋은 삶을 살아가기 위해 필수적인 것임은 두말할 필요도 없다. 독서를 조직적으로 하고 읽은 것을 적거나 말하는 표현에 대한 연습을 지속적으로 해야 한다.

입시 준비를 하다 보면 결국 승부는 중요 과목에서 나는 경우가 많다. 지금의 교육체제에서 가장 중요한 과목은 역시 영어와 수학이다. 어릴 때부터 독서와 더불어 영어와 수학 실력을 항상 점검해야 한다. 그리고 무엇보다 학교생활을 성실하게 할 수 있도록 학생을 지도하는 것이 중요하다. 학교에서 선생님, 친구들과 좋은 관계를 가지고 좋은 사람으로 인정받을 수 있도록 교육하면 입시에서도 당연히 좋은 결과를 얻을 수 있다.

혼란스럽고 비용이 많이 드는 입시제도 때문에 우리 '보통사람들'은 상처를 많이 받는다. 하지만 이 세 가지의 가장 기본적인 사항을 항상 염두에 두고 공부를 해나간다면 복잡하고 어려운 입시제도에 잘 대비할 수 있고 결국 성공적인 결과에 도달할 수 있을 것이다.

아무리 복잡한 제도라도 결국은 '실력 있는 학생'을 선발하는 것을 목표로 한다. 따라서 좋은 태도를 가지고 있고, 기본적인 과목을 충실히 습득하고, 풍부한 독서를 통해 깊이 있는 지식을 가지고 있으며 그것을 잘 표현할 수 있는 기본이 튼튼한 학생이라면 어떤 제도의 입시라도 성공할 수 있을 것이다.

공부를 잘하려면
좋은 태도가 우선이다

복잡하고 어려운 입시제도, 쉼 없이 바뀌는 교육정책 속에서도 공부를 잘하는 학생들이 보여주는 한 가지 원칙이 있다. 바로 '좋은 태도'이다.

입시를 운동경기에 비유해보자. 입시의 과목은 수시로 변화한다. 달리기를 하기도 하고 던지기를 점검하기도 한다. 멀리뛰기를 시험과목에 넣기도 하고 매달리기를 넣기도 한다. 순간적인 힘을 요구하는 단거리를 테스트하기도 하고 지구력을 요하는 장거리가 포함되기도 한다.

어떤 종목들이 포함되기도 하고 빠지기도 하면서 매번 달라지기 때문에 준비하는 학생들은 이리저리 정신없이 뛰어다니며 시험 준비를 한다. 이것이 바로 현재 우리가 직면하고 있는 교육적인 상황이다.

달리기에서 던지기로, 멀리뛰기에서 매달리기로 연습장을 옮겨가며 열심히 준비를 해 입시과목을 따라잡는 것도 중요하지만, 어떤 과목이 어떻게 출제되더라도 그것을 수행할 수 있는 가장 기본적인 체력과 순발력, 적응능력을 갖추고 있는가를 점검하는 일이 더 우선임을 잊지 말아야 한다.

기본적인 체력과 순발력을 갖추고 있다면 어떤 경기에 참가하더라도 빠르게 적응할 수 있다. 개별적인 종목에 대한 대비에만 관심을 쏟느라 정작 더 중요한 기본적인 체력단련을 소홀히 한다면 이 길고 어려운 레이스에서 승리할 수 없다.

그렇다면 공부에서 기본적인 체력에 해당하는 것은 무엇일까? 학생들을 지도하다 보면 좋은 대학에 진학할 수 있는지 여부는 학생의 '머리'에 달려 있다기보다는 '태도', '몸가짐', '습성'에 달려 있다는 점을 자주 느낀다. 좋은 '태도'와 '습성', 즉 좋은 '몸가짐'을 지닌 학생이라면 공부를 하겠다는 결심을 현실화시킬 수 있다. 반면 좋은 머리를 가진 학생이라도 좋은 태도와 습성을 지니지 못했다면 한두 번은 좋은 성적을 낼 수 있지만 긴 호흡이 필요한 입시에서는 실패하는 경우가 많다.

10개월 정도 공부해서 대학에 진학하는 재수생의 경우에도 이런 일들이 자주 나타난다. 재수학원에서는 2월과 3월을 '전쟁기간'이라고 말한다. 수능이 끝나고 몇 달 신나게 놀다가 다시 학원에 앉아 있으려니 공부를 하려는 자세와 태도가 잘 잡히지 않기 때문이다.

내가 있었던 입시학원은 아침 7시에서 밤 10시까지 엄격한 생활관리로 유명한 학원이다. 밤늦게까지 친구들을 만나고 술을 마시고 늦잠을 자던 재수생들이 이런 규칙적인 생활에 적응하는 것은 쉽지 않다. 공부를 해야겠다는 '생각'은 절실하지만 '몸'이나 '태도'는 준비가 안 된 상황인 것이다. 그래서 개강 이후 한 달은 학생들의 나쁜 습성을 고치는 '전쟁기간'을 선포하고 엄격한 생활관리를 한다.

지각을 하면 벌을 받는 것은 말할 것도 없고 무단결석은 바로 제적 조치를 당한다. 수업시간에 졸면 뒤에 서서 수업을 들어야 하고, 선생님이나 직원들에게 불손한 행동을 하면 퇴원 조치를 당한다. 대략 10퍼센트 정도는 이런 엄격한 지도에 적응하지 못하고 제적을 당하거나 스스로 퇴원을 하지만 대부분의 학생들은 잘 적응해 열심히 공부하는 학생으로 변모한다.

재수생의 생활은 아침부터 밤까지 그야말로 공부의 연속이다. 재수를 하는 학생들은 대부분 중고등학교 때 성실하게 수업을 들은 학생들이 아니어서 기초가 부족한 경우가 많다. 그래서 10개월 동안 아침부터 밤까지 이어지는 수업을 통해 기초적인 내용들을 정리한다. 그렇게 힘든 10개월을 잘 보낸 학생들은 대부분 원하는 대학에 성공적으로 진학한다.

이런 단기적인 재수생활을 통해 성적이 많이 오른 학생들을 잘 살펴보면 '태도'나 '습성'이 변화했다는 것을 알 수 있다. 학원을 찾아온 학부모들도 자녀의 태도가 바뀌었다는 말을 자주 한다. 학생의 인식능력이나 지적인 능력이 갑작스럽게 변화되었을 리는 없다. 태도가 바뀌자 그런 능력들도 함께 좋아진 것이다.

제도가 복잡하고 자꾸 바뀔수록 '공부를 잘할 수 있는 기본'이 중요하다. 종목이 무엇이든 운동을 잘하려면 기초체력이 뒷받침되어야 하듯이 공부를 잘하기 위해서도 튼튼한 기초체력이 필요하다.

공부를 잘하기 위해서는 우선 자세가 좋아야 한다. 똑바로 앉아서 수업을 듣고 책을 읽을 수 있어야 한다. 자세에 대한 연습은 학교나 학원에서만 할 수 있는 것이 아니다. 집에서 밥을 먹을 때나 책을 볼 때, 텔레비전을 볼 때에도 바른 자세를 갖도록 꾸준히 연습해야 한다.

공부를 잘하기 위해서는 선생님의 수업에 귀를 기울일 수 있어야 한다. 그러기 위해서는 남의 말을 잘 듣고 그 뜻을 제대로 이해하는 연습이 되어 있어야 한다. 이는 학교에 가기 전에 가정에서 먼저 형성되는 덕목이다. 엄마 아빠가 자녀와 진지하게 대화를 나누고 자녀의 말을 귀담아 듣고는 그 말을 요약해서 자신이 제대로 이해했는지 되풀이해보기도 하고, 자기의 말을 자녀가 제대로 이해했는지 물어보기도 하는 과정에서 형성된다.

공부를 잘하기 위해서는 정리를 잘할 수 있어야 한다. 공부를 다른 말로 '학습(學習)'이라고 한다. '배우고(學)', '익힌다(習)'는 의미이다. 공부를 잘하기 위해서는 일단 정리해준 자료를 잘 관리하고 수시로 그것을 보면서 익혀 자신의 것으로 만들 수 있어야 한다.

물리적으로 존재하는 자료를 잘 관리하는 일은 마치 자신의 방을 청소하는 것과 비슷하다. 자신의 물건이 있어야 할 장소에 있도록 정리하는 습성은 어릴 때부터 길러진다. 지금 자녀의 방에 한번 들어가 보라. 이 물건 저 물건이 아무렇게나 나뒹굴고 있다면 앞으로 공부를 잘할 가능성이 그만큼 적다고 생각하면 된다. 꼭 필요한 장소에 물건들이 적절하게 놓여 있고 정리되어 있다면 앞으로 공부를 더 잘할 가능성이 있다고 생각하면 된다.

강의노트나 출력물을 잘 정리하고 나서 그것을 자신의 것으로 익히기 위해서는 자신이 그것을 잘 알고 있는지 모르고 있는지에 대해 판단할 수 있어야 한다. 이는 자기 스스로를 반성할 수 있는 능력이 있는지 없는지에 달려 있다.

자신에 대해 반성하는 능력은 학교나 학원의 수업 이전에 매일 일기를 쓴다든지 자신의 말과 행위에 대한 타인의 적절한 지적을 통해 반성을 한다든지 하는 일들로부터 키워진다.

자의식이 강한 친구들이 공부에서 월등한 능력을 보이는 경우가 많다. 스스로에 대해 잘 믿지 않고 아는 것에 대해서도 더 정확히 알아야 한다는 결벽증을 가지고 있기 때문이다. 언제나 자신의 말과 행위를 정당화하고 반성할 줄 모르는 자녀를 두었다면 자신을 반성하는 능력을 우선 키우도록 하는 것이 공부를 위해 가장 필요한 일이다.

공부를 잘하기 위해서는 소통능력이 있어야 한다. 우선 학교나 학원에서 함께 수업을 듣는 친구들과 소통할 수 있는 능력이 있어야 한다. 함께 원만하게 수업을 들을 수 있어야 하고 수업 내용을 제대로 이해했는지 소통할 수 있어야 한다. 잘 모르는 문제를 스스럼없이 친구들에게 질문할 수 있어야 하고 자신이 아는 것을 친구들에게 가르쳐줄 수도 있어야 한다.

선생님들과의 소통능력이 중요함은 말할 필요도 없다. 선생님들과 친하게 지내는 학생들이 성적이 많이 오르는 것을 나는 현장에서 자주 경험한다. 학생과 교사의 관계도 하나의 인간관계이며 선생님들도 자신에게 호감을 가진 학생들을 더욱 정성스럽게 가르치게 되기 때문이다.

평소 어른들과 긍정적으로 관계를 맺고 의사소통을 원활하게 해오지 않은 학생이 이런 덕목을 가지기는 매우 힘든 일이다. 일차적으로는 부모와의 소통이 중요하고, 친척이나 주변 지인들과의 관계 맺기도 중요한 부분이다.

공부를 잘하기 위해서는 한 가지에 집중하는 연습을 해야 한다. 요즘 학생들은 텔레비전이나 IT기기들 때문에 공부에 대한 집중도가 많이 떨어진다. 이어폰을 귀에 꽂고 음악을 들어야만 공부를 할 수 있는 학생들도 있다. 공부를 하다가도 휴대전화를 만지작거리고 문자를 주고받기도 한다. 이런 식으로 해서는 책상에 아무리 오래 앉아 있어도 성적이 오르기는 어렵다.

어릴 때부터 무엇이든 한 가지 일에 집중하는 능력을 키워주어야 한다. 일례로 어릴 때 퍼즐 맞추기나 레고 조립을 많이 해본 학생들은 집중력과 인내심이 상당히 좋은 편이다.

공부를 잘하기 위해서는 필기 또한 잘해야 한다. 깔끔하게 단어를 적고 수학문제 풀이도 일목요연하게 정리할 수 있어야 한다. 요즘 학생들은 컴퓨터를 많이 사용해서 글씨 쓰는 것을 싫어하고 잘 못 쓴다. 하지만 필기를 깔끔하게 하는 능력은 공부를 잘하기 위해 꼭 필요한 능력이다. 어릴 때부터 다이어리를 작성하는 습관을 들였거나 낙서를 많이 하거나 그림을 많이 그려본 학생들이 그런 점에서 이득을 보는 편이다.

공부를 잘하기 위해서는 현재 자신의 위치를 정확히 인식하고, 미래의 어떤 목표를 위해 공부를 하는지 분명한 목표의식을 세워야 한다. 이는 자신의 삶에 대한 전반적인 이해를 필요로 하는 일이다. 어릴 때부터 자신에 대한 부모의 기대를 잘 알고 있는 학생과 그렇지 않은 학생은 차이가 많이 난다. 부모와 함께 미래의 모습과 꿈에 대해 많은 이야기를 나눠본 학생은 부모님이 무엇을 원하는지를 넘어 자신이 무엇을 원하는지, 무엇이 되고 싶은지까지 그려볼 수 있다. 이 생각이 있고 없고가 큰 차이를 가져온다.

사실 우리는 매일매일 교육문제에 매달려 있으면서도 정작 교육의 기본적인 목적은 잊고 있을 때가 많다.

교육이란 우리 아이들이 좋은 삶을 살 수 있는 계기를 마련해주기 위해 하는 것이다. 나는 친구들이 자녀교육을 위해 무엇을 해야 하느냐고 물어올 때마다 자기 방 청소는 직접 하는지, 자기 신발은 스스로 빨아서 신는지, 자기 옷은 잘 정리해두는지, 학교에서 돌아오면 책가방을 원래 있던 자리에 잘 두고 숙제부터 하는지, 일기는 매일 쓰는지, 친구들과는 잘 지내는지, 선생님과 부모님께 공손하게 행동하도록 교육하고 있는지에 대해 묻는다.

즉, 자신의 삶을 스스로 규칙적이고 체계적으로 꾸리며 살아가고 있는지, 주변 사람들과 조화를 이루며 살아가고 있는지 그리고 부모가 그런 방향으로 자녀를 가르치는지 묻는 것이다. 그리고 공부도 그런 차원에서 접근해야 한다고 말한다. 하지만 이런 충고를 귀담아 듣는 친구들은 그렇게 많지 않다. 성적이 떨어지면 흥분해서 야단을 치지만 정작 친구나 동생에게 잘못을 할 때는 그렇게 너그러울 수가 없다는 것이다.

결국 우리가 후세를 교육하는 것은 스스로 해야만 하는 일을 성실하게 잘할 수 있고 그래서 우리 사회에서 건전하게 살아갈 수 있도록 하기 위함이다. 그것은 결국 교육이 좋은 '태도'나 '몸가짐'을 갖도록 하는 것을 가장 중요한 목적으로 한다는 말이 된다. 교육의 내용은 언제든 바뀔 수 있지만 그런 태도는 어느 시대에든 가장 필요한 삶의 지침이기 때문이다. 이런 기본을 잊지 않는다면 복잡하고 어려운 입시제도, 교육정책의 혼란 속에서도 흔들리지 않고 중심을 잡을 수 있을 것이다.

사교육 '과의' 전쟁이 아니라
공교육 '에서의' 전쟁이 필요하다

국가 주도의 공적인 교육기관을 공교육이라고 하고 나머지를 사교육이라고 한다면 우리나라의 사교육 역사는 그 뿌리가 매우 깊다. 공적인 교육기관에 대립되는 사적인 교육기관으로 우리 역사에 본격적으로 등장하는 것은 고려시대에 융성했던 '사학 12도'이다.

사학 12도는 1055년 문하시중으로 있다가 퇴직한 최충이 설립한 구재학당(九齋學堂 : 후에 문헌공도)에서 비롯한 것이다. 당시 국학으로 국자감이 있었지만 시설과 교육 면에서 유명무실하여 권위 있는 유학자들이 세운 사학이 성황을 이루었다고 한다. 개경에만 12개의 사학이 있었으며 그 권위가 국자감을 능가했고 점차 과거를 준비하는 예비학교와 같은 성격을 가지게 되었다. 마치 오늘날의 학원을 보는 듯하다.

선현을 기리고 학문을 닦는 목적으로 생겨나 후에는 사림파의 근거지가 된 조선시대의 서원도 역시 사교육이라고 할 수 있다. 은퇴한 퇴계 이황 선생이 학문을 닦고 제자들을 가르쳤던 도산서원이 대표적인 서원이다. 도산서원에 갈 때마다 느껴지는 아담하고 고요하며 온화한 정적은 제자들과 늘 대화를 나누며 학문을 가르치신 퇴계 선생의 모습을 지금도 그대로 느끼게 해준다. 오늘날 서울대학교 총장이라고 할 수 있는 대사성까지 지낸 퇴계 선생이었지만, 은퇴 후에는 '사적인 교육의 장'을 열어 후진을 양성했다.

구한말 수없이 많이 생겨난 사립학교들도 공교육이 아니라 사교육이라고 할 수 있다. 나라의 운명이 기울어지면서 나라에서 교육을 책임질 수 없게 되자 개인, 지역 주민, 선각자들이 나서서 학교를 설립했고 아이와 청년들을 교육하기 시작했다. 이런 사학들은 오늘날에도 여전히 명맥을 유지하고 있다. 2009년 발표자료에 의하면 우리나라의 사립학교 비율은 중학교가 약 23퍼센트, 고등학교는 약 45퍼센트에 이른다.

물론 오늘날 '사교육'이라고 할 때 이런 사학들은 포함되지 않는다. 대부분의 사립학교들은 사립학교법에 의해 공적인 규제와 보조를 받고 정규 교과과정 속에서 그 운영이 이루어지고 있다. 오늘날 '사교육'이라고 지칭되는 것은 학원 및 교습소, 개인 수업 등 학교 교육을 보완하기 위해 이루어지는 보충적인 교육을 말한다.

그렇다면 퇴계 선생의 도산서원이나 플라톤이 만들어 철학을 가르쳤던 '아카데메이아', 플라톤의 제자 아리스토텔레스가 만든 '리

케이온' 등은 무엇으로 봐야 할까? 영국이나 독일 등에서 중세 이후 생겨난 자생적인 교육 공동체였던 대학들은 또 무엇으로 봐야 할까? 이들은 모두 국가가 아닌 개인들에 의해 생겨난 학교들이다. 그리고 그 학교에 다닌 학생들도 공적인 절차라기보다는 사적인 동기에서 공부를 했다.

서양이든 동양이든 교육에 대해서라면 공적인 측면보다 사적인 측면의 동기가 더 강했던 것이다. 특히 '교육을 통한 상승에의 열망'이 강렬한 우리나라에서는 이러한 '사교육'의 열망이 그 어떤 나라보다 더 강했다고 할 수 있다.

신분상승에 대한 강한 열망으로 공부하려는 풍조에 대해 공자도, 퇴계 선생도, 율곡 이이도, 정약용도 비판한 바가 있다. 공자는 『논어』에서 위기지학(爲己之學)과 위인지학(爲人之學)을 구분하고 있다.

> .... 옛날에 배우는 자들은 자기 수양을 위해 공부했는데, 오늘날의 배우는 자들은 남에게 보이기 위해 공부하는구나.

동서고금을 통틀어 남에게 잘 보이기 위한 '위인지학'을 통해 출세에 이르려는 욕망은 이처럼 뿌리가 깊다. 하지만 나는 이 책의 서두에서 '교육을 통한 상승에의 열망' 즉 '위인지학'도 소중한 우리의 전통이고, 이것을 가능하게 해주는 사회적 제도와 구조가 우리 사회를 활력 있는 사회로 만들어왔다고 말했다. 우리 사회가 폐허의 잿더미 속에서 일어설 수 있었던 것도 바로 이러한 '열망' 때문이었다. 하지만 이런 긍정적인 '열망'이 잘못된 교육제도와 만나 오늘날의 '사교육 광풍'을 만들어냈다는 점을 여러 부분에서 지적했다.

이런 역사를 가진 우리의 사교육은 오늘날 그 어떤 대책을 내놓더라도 사라질 것 같지는 않다. 정부에서는 '사교육과의 전쟁'까지 선포했지만 성공하지 못했다. 오히려 지금은 사교육을 공교육의 장으로 끌어들이거나(방과후학교), 공교육이 사교육화되는 현상(교사들의 방과후수업 참여)이 벌어지는 상황이다.

따라서 우선 사교육을 완전히 없애겠다는 식의 정책목표를 버려야 한다. 시험과 등수, 경쟁이 존재하는 한 그 어떤 좋은 공교육 제도를 시행하더라도 사교육은 사라지지 않는다. 평가가 존재하고 등수가 존재하는 한 사교육은 필연적으로 나타난다. 그렇다고 평가를 없앨 수는 없다. 평가를 없애는 방법을 이미 여러 차례 사용해봤지만 결국 사교육비가 더 증가하는 결과만 낳았다.

평가가 존재하고 등수가 존재하면 우선 뒤떨어지는 학생들이 있기 마련이다. 그럼 그 학생들의 뒤떨어진 성적을 올려주려는 열의가 학교 현장에서 나타나야 한다. 예전에 있던 '나머지 공부'와 같은 보충수업이 학교 현장에서 사라진 지 이미 오래이다.

성적이 떨어지는 학생들에 대한 보충수업뿐 아니라 공부를 더 하겠다는 학생들에게도 도움을 줄 수 있도록 학교 시스템이 바뀌어야 한다. 즉, 감당하기 힘들 정도로 증가한 사교육비의 감소를 위해 사교육'과의' 전쟁이 필요한 것이 아니라 공교육'에서의' 전쟁이 필요한 상황이다. 김대중 대통령이 실패한 원인은 '공교육과의 전쟁'을 하려고 했기 때문이다. 학교와 선생님들과 대립할 것이 아니라 학교 내에서 교육이라는 힘겨운 전쟁에 승리하기 위한 '공교육에서의 전쟁'을 수행해야 한다.

선생님들은 시간표의 수업만 끝나면 교육이 다 끝난 것으로 생각하고 다른 업무를 한다. 그러나 교사의 근무시간은 학생을 위한 시간이 되어야 한다. 근무시간 전체를 통해 학생들의 학업을 돕고 뒤처진 학생들을 공부시키는 구조로 학교가 변모되어야 한다.

이런 말을 하면 학교의 선생님들은 학교 현장을 너무 모른다고 말할 것이다. 선생님들이 해야 할 '잡무'가 매우 많다는 것이다. 선생님들의 잡무를 줄이고 학생의 공부를 돕는 일에 매진할 수 있도록 해주는 것이 공교육 개혁의 가장 일차적인 방향이 되어야 한다.

무엇보다 학교가 공부에 대한 주도권을 회복하는 일이 우선적으로 이루어져야 한다. 선생님과 학생들이 공부를 통해 만나고 학교에서 함께 공부에 매진하는 일이 이루어져야 한다. 이것은 너무나 당연한 일이다. 학교는 '공부하는 장소'이기 때문이다. 그 본질적인 기능을 회복하지 않는다면 그 어떤 사교육 대책도 무용지물이 될 수밖에 없다. 사교육의 문제는 공교육에서 우선적으로 그 해법을 찾지 않으면 안 된다.

예를 들어, 수준별 수업에 대한 요구가 분명히 존재한다. 영어나 수학의 경우 학생에 따라 상당한 수준의 차이가 있다. 그런 요구를 학교 현장에서 더 적극적으로 받아들여야 한다. 중학교 1학년이지만 중학교 3학년 수업을 들어야 하는 학생들이 있다. 그 학생들을 학교에서 수용하지 못한다면 그들은 학원으로 갈 수밖에 없다. 그런 학생에게 중학교 1학년 수업을 들으라고 한다면 잠을 자거나 딴 짓을 하라는 말밖에 되지 않는다. 그런 학생들이 적절한 수업을 들을 수 있는 유연한 방법을 학교 현장에서 고안해내야 한다.

대학입시에서 논술이 중요한 위치를 차지하고 있는데도 학교 현장에서는 논술에 대한 체계적인 수업이 진행되지 않고 있다. 논술 지문에 나오는 그 많은 어려운 철학 문장들을 학교에서는 가르치지 않는다. 굳이 방법을 찾자면 방과후학교를 통해 추가적인 수업을 듣는 것뿐이다.

그럼 방법은 둘 중 하나이다. 학교에서 정규 교과과정 중에 배우지 않는 어려운 지문은 논술에서 출제하지 못하도록 강하게 규제하든가, 학교에 체계적인 논술 수업을 도입해야 한다. 이런 문제를 개선하지 않고서는 논술에 대한 사교육 열풍을 막을 수 없다.

정부는 입학사정관제에 의한 전형을 증대하겠다는 발표만 했지 정작 학교 현장에서 입학사정관제에 대한 수업이나 프로그램은 제대로 만들지 않고 있다. 입학사정관제에 의한 전형을 대비하기 위한 학교의 프로그램을 우선적으로 만들고 선생님들을 교육해서 실질적인 도움을 줄 수 있는 여건이 되었을 때 시행하는 것이 옳은 일이었다. 하지만 이런 준비를 하지 않고 시행한 결과 또 하나의 사교육 시장만 만들어준 꼴이 되었다. 지금이라도 학교 현장에 입학사정관제에 대한 프로그램을 만들든지 입학사정관제를 축소시켜야 한다.

초등학교 저학년의 경우 대부분 오전에 수업이 끝난다. 하지만 이미 초등학생들은 오후까지 수업을 하는 유치원, 어린이집에 익숙해져 있다. 오전 수업만 하고 그들은 집으로 돌려보내는 것은 오후에는 사교육을 하라는 말과도 같다. 왜 학교라는 좋은 시설과 인력을 가지고 그들에게 좋은 교육을 하지 못하는지 이해할 수 없다. 오후 시간에 예체능 활동이나 독서를 시키더라도 상당히 좋은 교육이 될 수 있을 텐데 말이다.

초등학교 저학년 자녀를 둔 부모들에게 물어보라. 백이면 백 제발 학교에서 더 많은 시간을 학생들에게 할애해주었으면 좋겠다고 말할 것이다. 물론 '방과후학교'와 같은 추가적인 비용이 들어가는 수업을 말하는 것이 아니다. 이제 학교가 사회의 요구에 맞게 구조를 변경해야 할 때가 되었다.

이런 여러 가지 노력들이 사교육을 줄이는 핵심적인 방법이지만, 사교육의 존재 자체를 부정해서는 안 된다. 사교육은 영원히 사라질 수 없다. 사교육의 존재를 인정하고 사교육 시장이 무엇을 의미하는지 교육정책 담당자들은 그 의미를 항상 되새겨야 한다.

사교육 시장이란 교육에 대한 어떤 수요를 의미한다. 그리고 교육에 대한 수요는 대부분 교육정책 때문에 발생한다. 어떤 교육정책을 만들 때 그 교육정책이 발생시킬 수요에 대한 고려를 우선적으로 해야 한다. 그래서 학교 현장에서 그 수요를 흡수할 수 있을 정도의 교육정책을 내놓아야 한다. 학교는 준비가 되지 않았는데 새로운 교육정책을 잇달아 내놓는 것은 사교육의 배를 불려주겠다는 말밖에 되지 않는다.

우리나라의 교육정책 담당자들은 지난날 잘못되고 성급한 수많은 정책들을 통해서 이런 일들을 벌여왔다. 사교육 시장은 날로 번

성해갔고 교육 관련 출판은 날로 그 규모가 커져갔다. 그리고 학생과 학부모의 부담 역시 커져만 갔다. 이런 악순환은 지금도 여전히 반복되고 있다.

나는 사교육 현장에 있지만 항상 공교육이 중심이 되고 사교육은 보조가 되어야 한다는 주장이다. 그리고 실제 내가 가르치는 학생들에게도 학교생활을 성실히 해줄 것을 당부한다. 가장 많은 시간을 보내는 학교에서 성실하게 공부해 선생님들과 친구들에게 인정받지 못하는 학생이 좋은 성적으로 좋은 대학에 진학할 수는 없기 때문이다.

그 어떤 교육정책, 입시정책도 학교를 살리는 방향으로 이루어져야 한다. 학교는 우리 교육의 중심이고 우리 모두가 연관된 '공교육'이기 때문이다. 공적인 것은 우리 모두가 '공유'하는 것이고 우리 모두가 함께 연관되고 소유하는 것이다. 공적인 공간에서 우리는 사람들을 만나고 그들과 더불어 산다. 그러므로 공적인 공간은 우리 모두 소중히 지키기 위해 노력해야 할 공간이다.

물론 공적인 것이 우리들의 모든 문제를 다 해결해줄 수는 없다. 하지만 공적인 교육이 가장 기본적인 교육의 수요를 해결해줄 수는 있어야 한다. 그런 기본적인 수요에 제대로 대응하지 못하고 변화하고 증가하는 교육 수요와 엇갈리는 상황이 지속된다면 '공교육 무용론'이 나오게 되고 정말 공교육이 사라질지도 모른다.

학교의 교과과정을 아침부터 저녁까지 적은 비용으로 가르치는 중학생 학원이 생겨 학부모들이 학교에 보내지 않고 아침부터 학원으로 보내는 일이 이미 벌어지고 있다. 이런 일들을 통해 공교육이 붕괴되어 우리 사회의 공통된 기반이 사라지는 일을 막기 위해서는 사교육과의 전쟁보다 먼저 공교육에서의 전쟁을 시급히 전개해야 한다.

전인교육!
유일무이한 대안

현행 대학입시에서 영어와 수학, 국어가 차지하는 비중은 절대적이다. 물론 수능에서 국어, 영어, 수학, 사회탐구, 과학탐구 등 다양한 과목에 대한 시험을 보지만 실제 대학에서는 영어와 수학, 국어를 중심으로 입시에 반영하고 있다.

최근 발표된 새로운 수능 개편안에서도 이런 경향은 더욱 심화되고 있다. 사회탐구와 과학탐구에서의 응시 과목의 수가 2012년부터는 3과목으로 2014년부터는 2과목으로 줄어들어 국영수에 대한 의존도가 더욱 높아질 전망이다. 교육정책 담당자들도 여기저기에서 과목 축소에 대한 의견을 밝히고 있다.

2010년 10월 11일 곽노현 서울시 교육감은 실제 대학입시에 반영하는 수험생 1인당 과목 수를 파격적으로 줄이자고 제안했다.

"어문 전공 희망자에게 수학 성적을 반영하는 것은 비상식적일 수도 있다"는 말을 하면서 "필수 공통과목으로 인식돼온 국어, 수학, 영어도 전공에 따라 과감하게 선택과목으로 바꿀 필요가 있다"고 주장했다. 그는 "공학 전공자 입시에서 국영수만 필수로 하고 물리 성적을 반영하지 않는 행태는 말이 되지 않는다"고 말하며 이른바 중요 과목도 축소해야 한다고 주장했다(「파이낸셜뉴스」, 2010년 10월 11일).

우리 학부모들이 학창시절을 떠올려보면 상당히 많은 과목을 공부했다는 생각이 들 것이다. 국어, 영어, 수학은 말할 것도 없고 사회나 과학도 거의 전 과목을 공부했다. 정치, 경제, 사회, 문화, 윤리, 국사, 세계사, 화학, 물리, 지구과학, 생물 등의 과목뿐 아니라 기술, 가정, 제2외국어 등 상당히 많은 과목들에 대한 교육이 학교에서 이루어졌고 입시에서 이런 과목들에 대한 시험을 본 기억이 날 것이다.

음악, 미술, 체육도 오늘날에 비하면 꽤 구체적인 교육이 학교에서 이루어졌다. 국어, 영어, 수학의 내용도 오늘날 학생들이 공부하는 양에 비할 바가 아니었다. 구석구석에서 문제들이 출제되어 굉장히 많은 양을 공부했고 대부분의 문장이나 문제는 암기를 해야만 했을 정도였다.

이런 식의 압축적이고 집약적인 교육은 부정적인 면이 지적되고는 있지만 그럼에도 매우 많은 장점을 가지고 있다. 고전에 대한 반복적이고 깊이 있는 학습을 통해 고전을 체화할 수 있도록 해주었고, 광범위한 영역에 대한 기본적인 지식의 핵심을 압축적으로 습득할 수 있게 해주었다.

　우리가 이렇듯 많은 과목을 압축적으로 배우는 교육을 받을 수밖에 없었던 것은 사실 역사적인 상황 때문이었다. 우리가 현재 살아가고 있는 세상은 우리가 주도적으로 만들어낸 세상이라고는 할 수 없다. 서구에서 긴 역사적 과정을 통해 만들어낸 산물들을 받아들이는 과정에서 우리는 어쩔 수 없이 압축적이고 집약적인 교육을 해야만 했다.

　그들이 오랜 시간에 걸쳐 배우고 경험하며 자연스럽게 만들어낸 개념들을 우리의 것으로 익혀야만 하는 처지였기 때문에 할 수 있는 한 그것들을 빠르게 요약하고 정리해서 우리의 것으로 만들기 위한 교육을 할 수밖에 없었다. 이 과정에서 주입식, 암기식 교육의 문제점이 드러나기도 했지만, 다양한 분야에 대한 총체적인 교육이 우리나라가 성공적인 근대화를 이루는 데 동력이 되었다는 사실을 부인하기는 어려울 것이다.

　특히 오늘날처럼 복잡하고 다양해진 사회에서는 광범위한 영역에 대한 기초적인 지식은 필수적이다. 복잡하고 전문화된 시대라고 해서 한 분야에 대한 집중적이고 전문적인 지식만 필요하다는 식의 태도는 문제가 있다.

　예를 한번 들어보자. 애플의 아이팟, 아이폰, 아이패드의 성공을 단순히 IT기술의 성공이라고 말할 수만은 없다. 애플은 젊은이들이 무엇을 좋아하는지 정확히 이해하고 있었으며, 현재의 기술력으로 구현할 수 있는 최대치를 정확히 판단했다. 또한 가장 좋은 디자인, 주변 기기와의 연동, 가격 책정, 출시 시기 등 종합적인 판단을 내려 현재의 성공을 거둔 것이다.

　이런 것들은 단순히 IT기술만으로는 이루어질 수 없는 것들이다. 인간의 여러 경험과 인식에 대한 판단, 사회와 경제에 대한 인식, 과학과 기술에 대한 종합적이고 다양한 지식과 판단이 없었더라면 그렇게 좋은 제품이 나올 수 없었을 것이다. 이런 것들을 가능하게 하는 것이 바로 다양한 영역에 대한 종합적이고 압축적인 교육, 즉 '전인교육'이라고 생각한다.

　그런데 요즘 대학에서 학생들을 가르치시는 교수님들의 이야기를 들어보면 신입생들이 기초 지식이 너무 부족해서 힘들다고 말씀하신다. 그래서 대학들은 기껏 뽑은 신입생들을 앉혀놓고 '기초'를 다시 가르치고 있다고 한다. 다양한 분야에 대한 핵심적인 지식을 포괄적으로 가진 똑똑한 시민들을 만들어내던 좋은 교육이 공부에 대한 부담을 줄인다는 명목으로 점차 파괴되어 다양한 분야에 대한 기초적인 지식이 없는 '어벙한' 인간들을 양산하는 지경에 이른 것이다.

　이공계로 대학에 진학해서 이공계 분야에서 직업생활을 한다면 우리 '사회'에서 사는 것이 아닌가? 지금 고등학교 이과생들은 '사회' 과목에 대한 기초적인 지식을 제대로 습득하지 못하고 있다. 정치, 경제, 사회문화, 한국지리, 세계지리, 한국사, 세계사 등에 대한 포괄적이고 기초적인 지식은 우리가 사회를 이해하고 좋은 삶을 살아가는 데 필수적인 것들이다. 그러나 현재 고등학교 이과생들은 그런 것에 대한 폭넓은 교육을 제대로 받지 못하고 있으며, 시험을 통해 그런 과목들에 대한 지식을 자기의 것으로 만들 기회를 박탈당하고 있다.

　마찬가지로 문과로 진학해 인문, 사회, 경제, 정치 등의 영역에서 직업생활을 할 학생들이라면 과학적인 여러 현상, 문제들과는 무관하게 살아가게 되는 것일까? 우리의 몸과 건강에 대한 공부, 자연의 물리적인 법칙에 대한 공부, 지구의 다양한 모습과 원리에 대한 공부, 우리가 매일 접하게 되는 다양한 화학제품의 구성과 원리에 대한 기본적인 지식들은 고등학교를 졸업하고 나면 개인적으로 습득하는 것이 힘든 지식들이다. 그런데 문과생들은 이런 소중한 지식들을 습득할 기회를 제대로 얻지 못하고 있다. 고등학교 1학년에서 잠시 공통과학에 대한 공부를 하고 나면 더 이상 과학에 대한 공부를 하지 않아도 되기 때문이다.

　사실 우리가 알고 있는 많은 기초적인 지식들은 고등학교 시절 공부를 통해 습득한 것들이다. 지적인 능력이 왕성한 이 시기에 다양한 영역에 대한 지식들을 광범위하게 습득하도록 하는 일은 학생들의 미래에 더할 나위 없이 중요한 일이다.

　게다가 공부에 대한 학생들의 부담을 덜어주기 위해 과목을 줄이는 것은 오히려 학생들의 고통을 증가시키는 것이다. 하지만 이 당연한 사실을 교육 개혁가들은 알지 못한다. 과목이 줄어드는 만큼 그 과목에 대해 심화학습을 해야 한다. 하루에 10시간 공부하는 학생이 과목이 줄어든다고 5시간 공부할 것 같은가? 오히려 심화학습을 통해 더 어려워진 문제들을 다루느라 더 많은 시간을 공부해야 하는 상황이 벌어지고 학생들은 더더욱 힘들어질 뿐이다.

오히려 과목이 다양해지고 영어나 수학 등 특정 과목에 대한 집중도를 줄인다면 사교육이 감소할 수 있다. 지금도 학생들은 주로 영어, 수학, 언어, 논술 등을 학원을 다니면서 추가적으로 배우고, 사회나 과학 과목들은 온라인 수업을 통해서 해결하는 경우가 많다. 다양한 과목을 고등학교에서 가르치고 그 가르친 과목들을 수능에서 점검한다면 사교육에 대한 의존도가 줄어들고 학교 수업도 정상화될 수 있을 것이다.

사실 오늘날 공교육이 붕괴되고 선생님들의 권위가 추락한 것은 영어, 수학, 국어, 논술 등 특정 과목에 편중된 입시가 중요한 한 원인이다. 시험을 준비해야 하는 학생들에게 시험과 무관한 과목을 열심히 들으라고 말하는 것 자체가 위선이다. 학교에서 시험 과목만을 가르치든지 아니면 학교에서 가르치는 과목들을 시험에 다 포함시켜야 한다. 물론 후자가 더 바람직한 방향이라는 것은 말할 필요도 없다.

현재 학교에서 가르치는 과목들은 꼭 필요한, 중요한 내용들로 구성되어 있다. 그런 내용들을 충실하게 학습하고 꼼꼼하게 점검하게끔 하는 입시가 된다면 학교 교실은 지금과는 다른 풍경이 될 것이다. 국어와 영어, 수학뿐 아니라 사회와 과학 수업도, 미술과 음악과 체육 수업도 열심히 참가하고 자신의 실력을 높이려고 노력하는 모습을 학교 현장에서 볼 수 있다면 얼마나 흐뭇한 일이겠는가?

현재 학교교육의 커리큘럼은 충분히 전인교육을 할 수 있도록 구성되어 있다. 그러한 학교교육을 잘 살리는 것만이 오늘날 당면한 많은 문제들을 해결하는 첫 발걸음이 될 수 있다. 학교교육을 정상화하고 학교에서 객관적인 평가를 하고 그것을 입시에 전적으로 반영해야 한다. 지역과 학력에 무관하게 학교의 내신을 대입에서 절대적인 점수로 반영하는 것도 고려해볼 수 있다.

좀 거칠게 말해보면 내신을 50퍼센트, 수능을 50퍼센트 반영하는 단순한 입시제도를 도입한다면 지금 당장 각 지역의 학교교육을 정상화할 수 있고 부동산 문제도 상당 부분 해소될 수 있을 것이다. 내신이 절대점수로 50퍼센트 반영된다면 목동으로 대치동으로 향하는 이사행렬이 오히려 강북으로, 지방으로 향하게 될 것이다. 시골에서 빚을 내어 도시로 이사를 하고 편법으로 자녀의 주소를 옮겨 도시로 전학을 시키는 일도 줄어들 것이다.

또한 다양한 예체능 교육을 강조하고 그것을 평가에 반영해야 한다. 우리 학부모들은 체력장에서 만점을 받기 위해 열심히 운동장을 뛰었던 기억이 있을 것이다. 자신의 한계를 시험하는 기분으로 오래달리기를 하기도 했을 것이다. 오늘날과 같이 다양해진 사회에서 체육이 얼마나 중요한가? 하루 종일 책상에 앉아서 일하느라 절대적으로 운동이 부족한 상태로 살아가는 현대인들에게 체육은 건강한 삶을 위한 필수적인 활동이다. 따라서 어릴 때부터 다양한 운동을 가르쳐 평생 그 운동들을 즐기고 건강하게 살 수 있도록 하는 기반을 마련해주는 것은 꼭 필요한 일이다. 체력장을 부활시키든지, 그것이 어렵다면 내신에서라도 체육에 대한 평가를 반영하게 한다든지 하는 방법이 고려되어야 한다.

내 딸이 다니는 초등학교는 체육대회를 근처 공원에서 한다. 학교 운동장이 좁아서 체육대회를 할 수 없기 때문이다. 학교 운동장에서 100미터 달리기를 할 수 없는 상황이니 얼마나 한심한 노릇인가? 운동장이 없는 학교가 이미 10여 개가 되고 그 숫자는 앞으로 점점 늘어날 것이라고 한다. 사회체육은 점점 성장하고 있는데 학교는 반대 방향으로 가고 있는 것이다.

음악과 미술에 대해서도 같은 말을 할 수 있다. 음악과 미술은 단순히 사람의 감수성을 키워주는 것만은 아니다. 어떤 악기든 일정 기간 이상 연주법을 배워본 사람이라면 리듬과 멜로디, 화성에 대한 공부가 조화롭고 균형적인 인간을 만드는 데 얼마나 큰 도움이 되는지 알 수 있을 것이다. 특히 공동체 의식을 기르는 데 함께 노래하는 것만큼 좋은 일도 없다. 작년과 올해 전 국민을 감동시켰던 「남자의 자격」 합창단 에피소드는 합창이 주는 폭발적인 힘을 뚜렷이 보여주었다. 합창단의 일원이 되어 여럿이 함께 노래해보는 일은 민주주의를 배우는 가장 좋은 교육이라 할 수 있다.

그림을 그리고 그림을 감상하는 행위는 사물을 더 자세하게 관찰하게 하고 더 깊은 인식의 세계로 학생들을 이끈다. 우리 자녀들이 이런 좋은 교육을 깊이 있게 받지 못하게 된다면 우리 사회 전체의 교양이 낮은 수준으로 전락할 수도 있다.

냉철한 이성(Head)으로 상황을 정확하게 파악하고, 능숙한 손(Hand)으로 자기의 주변을 잘 정리하며, 따뜻한 마음(Heart)으로 타인과 공감하는 전인적인 사람으로 성장시키려는 긴 안목의 노력이 절실히 필요한 때이다. 이런 전인교육이야말로 당면한 시험과 입시만을 쫓아 이리저리 뛰어다니며 일희일비하는 태도에서 벗어나 훨씬 더 수준 높은 교육을 제공해줄 것이다. 우리의 공교육이 조금이라도 빨리 이런 전인교육을 회복할 수 있도록 입시제도가 바로잡히기를 바란다.

 교육현장으로 내려가는
'하방운동'을 시작하자

　　　　　　　　　　대학시절 나는 공교육에 종사하시는 부친의 부실한 재정적 상황 때문에 학원강사를 해야 했다. 학교를 설립하셨고 그 학교의 교장이셨지만 아버지는 늘 경제적인 어려움을 겪으셨다. 아버지는 좋은 의미에서 '공과 사'를 구분하지 못하시는 분이었다. 월급은 가족의 생활을 위해 집에 가져와야 하는데, 아버지는 학교의 어려움을 본인의 월급으로 해결하려 하셨다. 그래서 '사립학교 교장'이라는 그럴듯한 직위에도 불구하고 우리 가족은 항상 경제적으로 어려운 생활을 해야 했다.

　어릴 적부터 돈 문제로 부모님이 다투시는 것을 자주 봐왔고 대학에 들어와서도 힘든 가정형편을 알기에 학원에서 학생들을 가르치며 고학을 해야 했다. 공교육에 열심인 아버지를 둔 덕에 나는 사교육에 종사하게 된 것이다.

  대학시절부터 학생들을 가르치는 것에 큰 즐거움을 느낀 나는 대학을 졸업하고 나서도 이 일을 그만두지 못했다. 나는 항상 학생들과 함께 있었다. 그들과 함께 대화하고, 함께 공부하고, 함께 생활해왔다. 대학을 졸업한 후 조그만 학원을 운영하게 되었는데, 그때에는 돈이 없어서 학원 강의실에서 숙식을 해결하면서 지냈다. 강의실에 난로를 피우고 책상 위에 매트리스를 깔고 추운 겨울을 보냈지만 즐겁고 행복한 날들이었다. 고3 학생들을 밤새도록 붙잡아두고 공부를 시키며 학생들과 한 가족처럼 지내던 시절이었다.

  내가 학생들을 잘 이해하고 그들의 입장에서 생각할 수 있게 된 것은 내가 특별히 뛰어난 이해력을 가져서라기보다는 이런 경험 때문인 것 같다. 내가 어떤 책이나 보고서를 통해 학생들을 만났다면 학생과 학부모의 입장에서 교육 문제를 바라볼 수 없었을 것이다. 특별히 뛰어난 지적능력을 가지지 못한 나는 항상 학생들과 같은 수준에서 이야기하고 문제를 풀고 토론해왔다. 학생들과 함께 앉아 어려운 문제를 풀고 있을 때에는 학생과 선생의 구분이 사라질 때도 있다. 나중에서야 깨달았지만 학생들과의 어떤 매개물도 없는 이런 직접적인 만남이 나에게는 소중한 자산이 되었다.

  우리가 교육에서 학생들이나 자녀를 잘 이해할 수 없는 것은 이런 식의 만남이 부족하기 때문이다. '함께-더불어-삶'에 대한 경험이 없으면 학생들을 제대로 이해할 수 없고, 우리가 그들에게 하는 충고나 교육은 단순한 간섭으로만 여겨진다. 우리가 하는 말과 충고는 '우리들의' 말과 충고이지 '그들의' 일은 아니라고 받아들이기 때문이다. 말을 하면 지나친 강압이라 여기고 충고를 하지 않으면 무관심하다고 서운해한다. 강압과 무관심 사이를 왔다 갔다 하는 사이에 감정의 골은 깊어만 지고 소통이 힘들어지는 지경에 이르기도 한다.

내가 지도한 한 학생은 아빠와 내가 잘 모르는 것으로 되어 있었다. 아는 선배의 자녀를 가르치게 된 것인데 아빠가 아는 선생님이라면 싫어할 것 같아서 엄마가 아는 선생님이라고 한 것이다. 그 아빠는 온건하고 남을 잘 이해하고 편안하게 해주시는 참 좋은 분이지만 딸과의 관계에서만은 그렇게 힘들어할 수 없었다. 한번은 친구에게 어떻게 하면 딸과 친하게 잘 지낼 수 있는지 진지하게 묻는 것을 보고 '참 힘드시구나' 하고 생각하기도 했다.

이해와 소통이 되지 않는 첫째 이유는 우선 함께 있는 시간이 부족해서이다. 우리는 그저 함께 있으려고 하지 않는다. 함께 있는 그 순간 바로 간섭이나 불평을 하게 된다. 그러나 간섭이나 불평, 충고 없이 그저 함께 있는 시간이 많아야 한다. 텔레비전을 보든 함께 앉아 책을 보든 산책을 나가든 식사를 같이 하든 등산이나 운동을 함께 하든 그저 함께 더불어 있는 시간이 길어질수록 이해와 공감의 폭은 더 넓어진다.

안타까운 건 우리 어른들이 그런 시간을 견뎌내지 못한다는 것이다. 어렵게 함께 있는 시간을 내놓고는 바로 옷차림에 대해 지적하거나 휴대전화에 정신 팔린 자녀를 야단치거나 가르치려 하거나 공부나 생활에 대한 잔소리를 시작해서 결국 그런 소중한 시간을 훼손하고 만다.

내 선배는 자기가 그렇게 대하기 어려워하는 딸과 내가 너무 편하게 잘 지내는 것을 보고는 어떻게 그렇게 할 수 있느냐고 물었다. 나는 "형보다 내가 더 잘생겨서 그렇지요"라고 농담을 했지만 정말 내가 잘생겼거나 인격이 좋아서 그런 것이 아니다.

일단 나는 학생들과 함께 지내는 시간이 많다. 가르치는 학생들은 항상 옆에 앉혀놓고 공부를 시킨다. 그리고 공부에 대해서만큼은 하고 싶은 말을 거리낌 없이 다 한다. 단, 불평을 하거나 야단을 칠 때에는 그 이유를 상세하게 설명하고 고치라고 말한다. 그리고 내가 공부에 대해 하는 말에 잘못된 점이 있는지, 자신의 생각은 어떤지 말하라고 한다.

내가 만약 드물게 학생들을 만난다면, 내가 하는 말의 의미와 목적에 대해 상세하게 설명하지 않았다면, 학생들도 나를 편하게 대하지 않을 것이다. 드물게 만나는 아빠가 만날 때마다 불만만 늘어놓는다면 자녀들과의 관계가 좋을 리 없다.

아이들이 가장 싫어하는 것이 술 취한 아빠가 밤늦게 들어와 장황한 설교를 늘어놓는 일이다. 아빠는 술의 힘을 빌려 그간 하지 못했던 말들을 진심을 담아 자녀에게 전하고 싶겠지만, 그 의도대로 전해질 리가 없다. 그래서 나는 친구들이나 선배들에게 술을 먹고 나서는 절대로 자녀들에게 부정적인 말을 하지 말라고 한다. 오히려 "공부하느라 고생이 많지." 하며 등이나 두드려주고 더 이상 아무 말도 하지 말라고 한다. 함께 더불어 있는 시간이 적은 관계일수록 더 조심스럽게 상대방에게 접근해야 한다.

후에 나는 서울대 정치학과에서 '정치 현상학'을 강의하신 은사

김홍우 선생님을 통해 이런 태도가 현상학적 태도와 맥이 닿아 있다는 것을 알게 되었다. 독일의 철학자 에드문트 후설에 의해 창시된 현상학은 과학이나 다른 어떤 2차적인 수단의 매개 없이 '생생한 경험의 세계인 생활세계'로 되돌아가야 한다는 철학이다.

우리가 몸으로 살아가는 생활세계는 과학이나 철학 등 어떤 이론에 의해 파악되고 정리되어 객관화되고 대상화된 세계와는 다르다. 그런데 우리는 어떤 이론에 의해 파악된 세계를 우리가 매일매일 살아가는 삶의 세계보다 우선시하는 실수를 자주 범한다. 우선적이고 본질적인 것은 우리가 매일 경험하며 살아가는 '생활세계'이다. 삶에 대한 이론은 삶 자체를 담아야 한다. 삶 자체를 담지 않은, 삶 자체에서 유리된 이론을 우선시할 때 삶에 대한 이해는 왜곡되기 마련이다.

자녀와 더불어 많은 시간을 보내지 않은 아빠가 자녀들의 삶을 '성적표'나 '엄마의 말' 등을 통해 섣불리 재단해 자의적으로 판단한다면 자녀의 구체적인 삶을 제대로 이해하지 못하고 적절한 도움을 줄 수도 없다. 자녀와 함께 많은 시간을 보내야만 자녀의 삶을 제대로 이해할 수 있게 된다. 어떤 매개나 판단 없이 자녀를 먼저 만나야 하고 판단은 그 후에 해야 한다. 교육 전문가들이 부적절한 교육정책으로 많은 혼선을 빚은 것도 이런 이유 때문이라고 생각한다. 교육현장에 대한 판단과 정책은 교육현장에서 함께 더불어 살아보고 나서야 내릴 수 있다.

교육 전문가들이 내놓는 개혁안들을 보면 '현장'에서 살아본 사람들이 만든 것이라는 생각이 들지 않는다. 그들이 생각하는 '학생'은 내가 교육현장에서 매일 만나는 '살아 숨 쉬는 학생들'이 아닙니다. 우리가 만나는 학생들은 어떤 정책의 변화에 대해 즉각적인 반응을 한다. 우리 학부모들도 마찬가지이다. 새로운 수능개편안에 대해 학생들에게 말하면 학생이나 학부모들은 우선 짜증부터 낸다. "왜 또 바뀌는 건가요?" "그냥 시험 보는 것도 힘든데 난이도가 다른 두 문제 중에서 선택하는 일은 도대체 왜 하는 건가요?" 등의 말들이 그들의 입에서 즉각적으로 나온다.

교육 전문가들이 학생과 학부모들의 이런 즉각적인 반응을 먼저 경험해봤더라면 그렇게 자신 있게 제도를 바꾸고 발표하지는 못했을 것이다. 그들은 정책을 만들거나 발표하기 전에 교육현장에 가서 공부하는 학생들, 그들을 지도하는 선생님들, 학부모들을 만나 의견을 들어보지 않는 것 같다. 그들이 고려하는 학생들은 그들의 머릿속에 있거나 보고서의 통계에 나타난 학생들인 것 같다.

자녀를 잘 이해하고 올바른 길로 인도하기 위해 부모들이 자녀들과 함께하는 시간을 늘려야 하듯, 그들도 교육현장을 부지런히 찾아다니며 현장의 사람들을 만나 이야기해야 한다.

2014년 수능개편안 공청회에서 많은 선생님들이 반대 구호가 적힌 피켓을 들고 방청석을 메웠다. 이런 정도의 상황이라면 수능개편안을 '발표'하는 공청회가 아니라 수능개편안에 대한 의견을 '청취'하는 문자 그대로의 공청회, 혹은 현행 수능의 문제점에 대한 '토론회'를 먼저 개최하는 것이 필요하다. 교육을 개혁하고 좋은 방향으로 인도하겠다는 분들이 현장의 사람들과 '피켓'으로 만난다는 것은 문제가 있다.

교육정책이나 입시제도는 그 제도에 따라 살아야 하고 공부해야 하는 학생과 선생님들, 학부모들을 우선적으로 고려해서 만들어져야 한다. 그들이 지금 무엇을 힘들어하는지, 무엇을 필요로 하는지 정확히 알고 그들의 목소리와 요구에 기초한 제도가 나오려면 우선 그들과 더불어 살아보아야 한다.

좋은 제도를 만드는 것은 우리가 살아갈 좋은 집을 만드는 것과 같다. 좋은 집을 짓기 위해서는 그 집에서 살아갈 사람들에 대해 정확히 이해해야 한다. 그러기 위해서는 그곳에 사는 사람들과 더불어 시간을 많이 보내야 한다. 그래야만 그 사람들에게 정말 필요한 집이 어떤 것인지 알 수 있고, 가장 편안하고 행복한 집을 지어줄 수 있다. 그러나 이런 태도 없이 만들어진 교육정책으로 수많은 학생과 학부모들이 고통받고 있다.

2014년에는 학생들의 부담을 줄여준다는 명목 하에 기존의 사회나 과학의 과목을 2과목으로 줄인다고 한다. 이 안이 제시되자 많은 선생님들이 반대를 하고 있다. 이미 수능의 과목은 많이 줄어들어 수능에서 배제된 과목의 수업이 제대로 이루어지지 않고 학교 수업이 파행 운영되고 있다. 선생님들의 이런 목소리에 교육정책 담당자들은 제대로 응답하지 않고 있다.

교육 개혁가들의 현장을 무시하는 태도는 "허식 없이 사회와 소통하는 디자인, 청정한 자연과 교감하는 디자인, 전통 속에서 혁신을 빚는 디자인"으로 세계 최고라 칭송받는 노르웨이의 디자이너들의 태도와 대비된다(「동아일보」, 2010년 6월 4일).

'판타스틱 노르웨이'의 엘렌 블락스타 하프네르 대표는 "2003년

1만 2000노르웨이 크로네(약 220만 원)를 주고 빨간색 중고 캠핑카를 샀다"고 한다. 그리고 "이 움직이는 사무실이 노르웨이의 혁신적 건축 스튜디오, 판타스틱 노르웨이의 시초였다"고 한다. 그는 이렇게 말한다.

……… 건축은 적극적인 사회참여활동이라고 생각해요. 캠핑카로 노르웨이의 여러 도시들을 다니며 건물을 지어, 지역 주민들의 일자리를 창출하고 싶었죠. 노르웨이 건축가들은 사람이 살기에 더 좋은 세상을 만드는 방법을 늘 고민한답니다. 건축물은 그 사회가 추구하는 가치를 가장 잘 반영하는 동시에 자원을 새로운 기회로 탈바꿈시키니까요.

그는 "오슬로에 사무실을 연 후에도 빨간 캠핑카를 운전하고 다니며 지역 주민들에게 따뜻한 커피와 와플을 내놓는다"고 한다. 그리고 또 다음과 같이 말한다.

……… 많은 건축가들이 사람들과 교감하는 걸 두려워하죠. 그래서는 재미있는 디자인이 나오지 않아요.

그는 단순히 사무실에 앉아서 건축 도안을 그리지 않았다. '캠핑카'를 몰고 지역으로 가서 그 지역민들과 어울리며 그 지역민들에게 필요한 건물이 무엇인지를 파악하려고 노력했다. 이런 노력이 '좋은 건물'을 만들어낸 것임은 말할 필요도 없다. '사람이 살기에 더 좋은 세상을 만드는 방법'은 머릿속에서 나오는 것이 아니다.

'캠핑카'를 타고 '지역' 곳곳을 찾아다녀야만 나올 수 있다. 찾아다니기만 한다고 좋은 방법이 그냥 나오는 것이 아니라 '지역 주민들에게 따뜻한 커피와 와플'을 내놓고 함께 즐겁게 이야기를 하는 과정에서 가장 좋은 방법이 나오게 된다.

지금 우리에게 필요한 것은 좋은 의미의 '하방운동'(下放運動: 중국에서 당원이나 공무원의 관료화를 방지하기 위하여 이들을 일정 기간 동안 농촌이나 공장에 보내서 노동에 종사하게 한 운동. 1957년 정풍 운동 때 시작되어 문화 대혁명 시기에도 시행되었다)이다. 자녀를 이해하고 좋은 길로 인도하기 위해 부모들은 자녀의 구체적인 삶으로 내려가야 하고, 좋은 교육제도를 만들기 위해 교육 전문가들은 교육현장으로 내려가야 한다.

예수님, 부처님, 공자님, 소크라테스 그 누구도 '높은 사원'의 '높은 단상'에서 내려다보며 설교하지 않았다. 그들은 사람들에게 다가와 사람들에게 둘러싸여 이야기하고 그들의 눈물을 닦아주었다. 그래서 그들은 사람들의 문제와 고뇌와 갈등의 본질을 제대로 꿰뚫어볼 수 있었고 적절한 구원의 메시지를 전달할 수 있었다.

하물며 우리는 부처님도 예수님도 공자님도 아니다. 그런데 우리가 우리의 자녀들, 학생과 학부모들, 선생님들의 구체적인 삶의 현장에서 벗어나 높은 자리에 앉아 그들이 당면한 절실한 삶의 문제점들을 어찌 알 수 있다는 말인가?

정말 좋은 교육제도를 만들겠다면 지금 책상 앞에 놓여 있는 보고서 더미를 던져버려야 한다. 학교 선생님들이 "공문 때문에 수업을 못 하겠다"고 했는데, 이제는 "수업 때문에 공문을 못 쓰겠다"는 말을 한다고 한다. 선생님들에게는 수업이 중심이고 공문서는 보조적이다. 하지만 너무 많은 공문서 때문에 수업이 보조적으로 느껴지는 지경에 이르렀다는 말이다.

한번은 교육당국에서 수업 외의 과중한 업무가 무엇인지에 대해 보고하라는 공문을 학교에 보낸 적이 있다. 그래서 당시 교사로 근무했던 내 형은 퇴근도 못 하고 밤늦게까지 공문을 작성했다고 한다. 공문이 어떤 것들이 있는지 보고하기 위해 또 공문을 밤늦도록 써야 하는 웃지 못할 일이 교육현장에서 벌어지고 있다.

교육당국의 공무원들이 대표적인 몇 학교를 지정해서 선생님들의 잡무와 애로사항에 대해 직접 만나 이야기를 들어보면 되는 일 아닌가? 그런데 그들은 가만히 앉아서 보고서를 기다리고 있고 그것에 기초해서 현장을 파악한다. 보고서는 2차적인 자료에 불과하다. 2차적인 자료가 1차적인 현장을 대체하고 혹은 왜곡하고 있는 것이다.

이런 일들이 앞으로도 지속된다면 교육정책은 현실을 제대로 반영하지 못하고 신뢰를 잃게 될 것이다. 그 결과는 단순하다. 우리는 그 반대로만 하면 된다. 학교 공부에 충실하라고 하면 학원을 열심히 다니면 되고, 교과서 내에서 출제된다고 하면 각종 참고서를 더 보면 된다. 각종 인증시험이 전형 요소에 포함되지 않는다고 하면 오히려 인증시험을 봐야 하고, 영어 면접이 나오지 않는다고 하면 영어로 토론하는 능력을 개발해야 한다. 실제로 2011년 민족사관고등학교의 입시는 교과부의 금지에도 불구하고 내신을 중심으로 선발하는 '자기주도전형' 선발에서 영어토론을 시켜 문제가 된 적이 있다. 쉬운 수능이 나온다고 하면 더 어려운 심화문제를 다루어야 하고, EBS 교재만 보면 된다고 하면 EBS를 철저히 분석하고 응용해주는 학원 수업을 들으면 된다.

에드문트 후설은 근대 과학이 "수학적으로 토대가 된 이념성의 세계"로 우리의 삶이 이루어지는 "실제적 세계, 지각을 통해 현실적으로 주어진 세계, 언제나 경험할 수 있는 세계"인 "생활세계"를 무시했다고 주장했다. 마찬가지로 우리의 교육 전문가들은 자신들의 이론과 머리에서 나온 "공상적인 교육개혁안"으로 생동하는 교육현장을 재단하고 억압해 심각한 교육의 위기가 왔다. 이제 제발 정책을 입안하기 전에 교육현장을 먼저 찾기 바란다.

교사들이 피켓을 들고 공청회에 나타나기 전에 먼저 당사자들과 대화를 하기 바란다. '이론'과 '논리'를 던져두고 먼저 학생과 학부모와 선생님들의 '아우성'을 열린 귀로 듣기 바란다.

정치철학자 달마이어가 우리 교육에 충고한다

우리 교육의 문제는 피교육자인 학생도, 학부모도, 선생님들도 아니다. 우리 교육을 파행으로 이끌고 사교육비를 증가시킨 것은 교육정책 담당자들, 정치인들이다. 물론 엄청난 교육열과 부모들의 욕심에 그 책임의 일부를 돌릴 수는 있겠지만, 직접적인 책임은 성급하게 혼란만 가중시키는 정책을 편 사람들에게 있다. '교육을 통한 상승에의 열망'을 통해 세계에서 유례를 찾아볼 수 없이 성공적인 경제성장을 이룬 우리나라가 이들 교육정책 전문가들의 무책임한 정책에 발목이 잡혀 이제는 '망국적인 교육열'을 운운하는 지경에까지 이른 것이다.

나는 최근 저명한 정치철학자인 프레드 달마이어 교수의 『좋은 삶을 찾아서 In Search of the Good Life』란 책을 읽으면서 우리의 교육정책 담당자들이 왜 이런 실패를 반복하는지에 대한 실마리를 얻을 수 있었다.

달마이어 교수는 이 책에서 '좋은 삶'을 살다 간 동서양 선인들의 모습을 상세히 그려주고 있다. 여기에 등장하는 위대한 인물들은 비록 "전문가적인 삶"을 살았지만 "일반인의 지혜"를 잃지 않고 일반인과 더불어 삶을 살아갔다. 그들이 위대한 삶을 살 수 있었고 보통 사람들을 잘 이끌 수 있었던 것은 이런 태도를 잃지 않고 그들과 소통하며 함께 살았기 때문이다. 지금 우리 교육에서 가장 절실하게 필요한 태도가 바로 이런 태도가 아닌가 한다(따옴표 안의 구절은 위의 책에서 인용).

부모들이 자녀의 삶에 먼저 다가가지 못하고 자신의 관점에서만 자녀를 바라보면 온통 불만족스러운 것투성이일 것이다. 그러면 설득력 없는 잔소리만 늘어놓게 되고 그 잔소리는 아이들의 삶을 오히려 파괴하는 경우가 많다.

교육정책 담당자들 역시 마찬가지이다. 그들이 모두 "전문가적인 삶"만을 살아가며 자신이 내놓은 정책들이 일반인의 삶에 어떤 영향을 끼칠지에 대해 생각해보지 않는다면 일반인들의 삶에 해악을 가져올 확률이 높다. 일반인들의 삶과 경험에 기초하지 않은 자신의 머리에서 나온 정책을 일방적으로 발표하고 그것을 따르라고 명령하는 것은 "억압적인" 태도이다.

지금 우리 교육에 필요한 것은 이런 "억압적인" 제도가 아니라 모든 사람들이 자연스럽게 받아들일 수 있는 "행동의 윤리적 표준이나 공유된 규칙"이다.

우리의 교육정책은 그저 단순한 "규칙"이거나 더 나아가 "억압적인" 규칙이었다. "억압적인" 규칙은 인간의 자연스러운 삶을 무시하는 것이다. 일반인의 동의가 없는 "억압적인" 규칙은 짧은 순간 강하게 사람들을 지배할 수는 있지만 지속적인 규칙이 될 수는 없다. 우리 교육에서 나타났다가 사라진 많은 규칙들이 이런 것들이었다.

그것은 교육 전문가들이 "의지력 나아가 군주적 의지에 대한 탐닉"에 빠져 있었기 때문이다. 그들은 현장의 흐름보다 자신의 "의지"를 더 강하게 믿었고 그것에 "탐닉"하고 있었다. 사람들과 더불어 살려는 것이 아니라 사람들 위에서 지배하려는 "군주적 의지"를 가지고 있었다. 우월한 "군주"가 일방적인 명령을 내린다면 "공유된 규칙"은 생겨날 수 없다. "단지 하나의 입법이나 군주적 명령"과도 같은 제도가 나타날 수밖에 없다.

우리가 자녀를 잘 이해한다든지, 좋은 교육제도를 만들기 위해서는 "추상적인 공식"으로 자녀나 교육현장을 만나서는 안 된다. 우선 "공유된 유대 혹은 유대맺음의 형태"가 있어야 한다. "유대"란 어떤 연관을 가지고 함께 더불어 사는 것을 의미한다. "유대"가 없는 상황에서는 결국 "두뇌위원회나 전문가정치"만이 나타난다. 두뇌가 좋은 자들이 위원회를 만들어 일반인을 배제하는 전문가들만의 정치를 하게 되는 것이다.

그들은 위에서 강한 의지를 가지고 명령하고 일반인들이 따라오기를 기대한다. 그러나 어떤 교육정책이나 제도가 "한 입법자의 인간적인 명령이나 의지로 거슬러 올라갈 수 없다"는 것을 알아야 한다. 법과 제도란 그것에 의해 규율을 받는 사람들의 삶의 현실에 근거해야 하는 것이지 "한 입법자"의 "명령이나 의지"에 근거해서 만들어져서는 안 된다. 우리가 자녀에게 명령을 하더라도 그들이 꿈쩍도 하지 않고 어떤 대책에도 사교육 시장이 꿈쩍하지 않는 것은 자녀들의 삶과 교육시장에 근거하지 않은 말과 정책으로 "명령"을 하기 때문이다.

"한 지배자의 독점적 칙령" 같은 정책들이 나타나게 되는 것은 "사회적인 삶을 지혜나 윤리적인 교양 없이 의지력이나 권력 조직을 통해 통제하려는" 태도 때문이다. 사회적인 삶을 지혜롭게 이해하려 하지 않고 성급하게 통제하려고 할 때 결국 "괴물(Chimera)"과도 같은 법이나 제도가 나타난다.

자녀들의 삶이든 교육현장이든 나름의 맥락과 이유가 있다. 어떤 것이든 이유 없이 나타난 것은 없다. 그 맥락과 이유를 잘 파악해 매듭을 하나씩 풀어가야 한다. 그렇지 않을 때 "권력은 단지 반대권력을 만들어내고 강압된 질서는 혼란한 무질서를 만들어"내고 우리는 그런 혼란 속에서 고통을 당할 뿐이다.

달마이어 교수는 법 조항이 아니라 주로 판례로 이루어지는 영국의 '보통법(Common Law)'이 "추상적인 공식이 아니라 영국의 법정에서 해석된 영국의 보통법이라는 것에 특별히 주목"한다. 우리는 법전에 적힌 추상적이고 난해한 '공식'과도 같은 법에 익숙하다. 하지만 영국의 보통법은 "확립된 절차 하에서 특정한 논쟁들에 대한 결정을 통해 오래된 관습이 점차 사법적으로 발전한 산물"이다. 즉, 사회적 문제가 나타났을 때 법원이라는 공식적인 절차를 통해 논쟁을 하고 그 논쟁의 결과 어떤 결정이 이루어지고 그것이 반복되어 관습과 법으로 정착했다는 말이다. 삶에서 법이 나온 것이지 법이 삶에 우선해 규율하는 것이 아니다.

마찬가지로 한국의 교육제도는 "추상적인 공식이 아니라 한국의 학교, 한국적 상황, 한국의 교육현장과 당사자들에게서 이해되고 해석되고 적용될 한국의 교육제도"라는 것을 명심해야 한다. 한국의 교육제도는 '자의적이지 않은 확립된 절차들을 존중하면서 특정한 문제들에 대한 구체적인 토론을 통해 오래된 관습이 점차 교육적 관행으로 발전한 산물'이 되어야 한다. 이런 과정을 거치지 않고 나타난 교육정책들은 우리의 좋은 '관습'을 파괴만 하고 사라지고 말았다.

이런 삶의 가능성을 우리는 몇몇 위대한 성인들을 통해 확인할 수 있다. 위대한 성인들은 항상 "사람들의 삶"에서 떠나지 않았다. 성 프란치스코는 40일 동안 단식기도를 하는 동안 신의 흔적인 "성흔"이 나타났다. 죽음에 임박해 "늘어나는 질환에도 불구하고 그는 이 시기를 기도와 봉사에" 바쳤다. 그리고 "그가 처음부터 단련했던 겸손으로 돌아가려는, 처음 그가 했던 대로 나병환자들을 돌보려는 큰 소망"을 끝까지 버리지 않았다. 성 프란치스코는 처음부터 끝까지 '나병환자들'의 곁을 떠나지 않았다. 그는 "신으로 향하는 영혼의 여정"의 길에 있었지만 그 길은 살아 숨 쉬는 고통받는 사람들과 더불어 가는 길이었다. 아픈 자들과 함께 있을 때, 문제가 있는 학생들과 더불어 있을 때, 혼란스러운 교육현장에 함께 있으며 공부해볼 때 비로소 문제의 실마리를 찾을 수 있다.

이런 사례는 인도의 시성(詩聖) 즈나나데브에게서도 볼 수 있다. 그는 "모든 생명의 신성함이 브라만 또는 신이 나타남이라는 것이 베다의 가르침"이라고 말했다. 그는 "신은 학식 있는 엘리트의 소유물이 아니라, 차라리 그것은 선물로서, 아낌없는 선물로서 모든 존재에 대해 퍼져 있다"고 말했다. 신은 위대한 '목사님'이나 '수행자'의 몫이 아니다. 우리 모두에게 신은 '아낌없는 선물로서' 다가온다.

그는 "본질(essence)의 영역과 현상(appearance)의 영역을 나누고, 진정한 세계(brahman)와 단순히 환영적인 세계(maya)를 나누고, 진정한 지식과 무지에서 나오는 가짜 지식의 주장을 나누는 견해"에 반대한다. 그는 "인간 경험의 보통 세계는 진정한 앎의 통찰을 향해 돌파하기 위해 버려져야만 할 단지 상상의 한 조각에 불과"하다는 주장에 반대한다. 우리 학생들과 학부모들이 매일 교육현장에서 경험하며 내뱉는 신음과 탄식은 "버려져야만 할 단지 상상의 한 조각"이 아니다. 그것은 정책을 통해 해소해야 할 소중한 목소리들이다.

그는 "일상적인 삶의 경험의 신성과 완전성을 회복"하려고 노력했다. 그에게 "일상적인 세계(또는 생활세계)"는 "신적인 연합의 살아 있는 자녀"로서 이해된다. 그에게 해탈은 "세상으로부터의 해탈이 아니라 세상으로의 해탈이며 인간을 자유롭게, 돌보며 살도록 허락하는 해탈"을 의미한다.

교육현장에서의 일상적인 경험은 신성한 것이다. 여기에서 벗어나는 이론을 만드는 것이 아니라 현장으로 돌아와 현장에서 학생들이 자유롭도록 돌보기 위한 것이 이론이다. 하지만 많은 교육정책들이 오히려 학생들의 '일상적인 삶'을 더 어렵게 만들고 그들의 '해탈'을 돕는 것이 아니라 '고통'에 빠뜨리고 있다.

이런 사례는 독일의 철학자 사제인 쿠사누스에게서도 볼 수 있다. 그는 이미 "지혜가 더 이상 사제들과 박사들의 독점적인 영역이 아니"라고 말한다. 때문에 "일반인과 구체적 경험에 대한 강조"를 한다. 그는 "경험"을 통해 "발견자"가 된 사람들을 옹호하고, "자연과 실재를 포기하고, 그래서 단순히 개념적인 구별의 세계에 넋을 잃고" 있는 전문가들을 비난한다. 그에게 "지혜와 불멸의 삶으로 향한 운동은 단순히 추상적인 지적 운동이 아니라 몸, 영혼 그리고 정신을 포함한 완전히 실존적인 참여"를 의미한다.

교육정책은 소수 '박사들의 독점적인 영역'이 아니다. 현장의 '일반인'들의 '구체적인 경험'에 기초해야 한다. 이런 "실재"를 포기하고 "개념적인 구별의 세계"에 빠져 있는 전문가들이 만들어낸 정책들은 '교육현실'을 포기한 것이다.

좋은 삶을 살다 간 위인들은 "합리적 분석에 앞서" "그것을 떠받치고 있는 일상적인 경험의 영역"인 "경험된 세계(또는 생활세계)"의 맥락으로 되돌아가도록 요구한다. 문제가 있는 학생에 대해 '분석'하기에 앞서, 교육제도나 입시제도에 대해 '정책'을 만들어 내기에 앞서, 학생의 삶이 이루어지는 교육이 지금 현재 벌어지고 있는 "일상적인 경험의 영역"으로 되돌아가야 한다.

"사회에서 강제적 조직들이 증가할수록 무질서도 동일하게 증가"한다. 사람들의 진정한 '필요'나 '욕구'를 무시한 자의적이고 강제적인 조직들은 오히려 사람들의 삶을 억압하고 '무질서'를 증가시킨다. 우리의 삶은 "개방된 것이어서 결코 완전하게 관리되거나 통제될 수 없는 생생한 경험"들로 이루어지기 때문이다. 우리의 자녀나 어떤 학교나 어떤 학원이나 그 어떤 것이든 "완전하게 관리하거나 통제"할 수 없다는 것을 잘 알아야 한다. 자연적인 흐름을 인정하고 존중하며 문제점을 하나씩 개선해나가야 한다.

최근 2014년부터 적용될 새로운 수능제도가 발표되었다. 교육 현장은 또다시 술렁거리기 시작했고 사교육 업체들은 또다시 흐뭇한 웃음을 짓고 있다.

"친구는 가까이에, 하지만 적은 더 가까이에"라는 말이 있다. 사교육비를 줄이고 우리의 교육을 제자리로 돌려놓고 싶다면 수능 개편안을 발표하기 전에 선생님, 학부모, 학생들을 찾아 진지한 대화를 나누어야 하고 '적'으로 생각하는 학원의 입장도 들어보아야 한다. 그리고 난이도가 다른 두 유형의 수능을 보면 어떤 일이 발생할지, 사회와 과학 과목을 축소하게 되면 학교 현장에서 어떤 일이 발생할지, 학원에서는 또 어떤 일이 발생할지 물어보아야 한다.

내 사무실에는 내가 가르쳐 성공한 학생들의 사진과 체험담이 걸려 있다. 이 친구들은 무슨 대단한 집안의 자녀들이 아니라 '일반인'의 자녀들이다. 무슨 대단한 사교육을 받지도 않았고 일반적인 삶을 성실히 살아서 원하는 대학에 진학했고 어엿한 사회인으로 우리 사회의 든든한 기둥이 되어 있다.

이들의 사진 위에는 "인생은 노력하는 만큼 보답합니다. 선배들처럼 열심히 공부해서 나와 남에게 좋은 삶이 되도록 합시다"라는 문구가 적혀 있다. 그러나 이런 성공담을 듣기에 점점 더 힘들어지는 방향으로 교육제도가 변화하고 있다. 스스로 노력하는 만큼 상승의 계단을 한 계단 두 계단 오를 수 있는 좋은 교육제도, 입시제도를 만들어주는 것은 우리 모두에게 당면한 가장 중요한 과제이다.

을지문덕 장군이 오늘날 다시 살아난다면 현장과 무관한 교육정책으로 우리 교육을 혼란하게 만든 교육 전문가들에게 다음과 같은 시를 전할 것 같다.

> 그대의 변화무쌍한 교육정책은 하늘 높이 사교육비를 높였고
> 그대의 오묘한 입시제도는 강남의 집값만 올려놓았도다!
> 교육을 망친 공 이미 높으니, 만족하고 그만두기 바라노라

개천에서 용나게 하는
7가지 방법

우리는 어느 민족도 가지지 못한 '교육을 통한 상승에의 열망'을 지니고 있었고, 그 열망을 현실화할 수 있는 좋은 제도를 갖고 있었다. 이 열망과 제도를 동력으로 식민지와 전쟁의 폐허를 딛고 놀라운 성장과 발전을 이루었으며, 누구나 열심히 공부하면 원하는 삶을 살 수 있는 나라를 만들었다. 그러나 지금의 잘못된 교육정책, 입시제도는 교육으로 '용'이 된 우리나라의 발목을 잡고 있다. 역대 대통령 누구도 교육정책의 가장 기본적인 방향마저 제대로 제시하지 못했고, 복잡하고 어려운 입시제도는 사교육비를 증가시키고 교육에서의 빈익빈부익부를 심화시키고 있다.

이런 상황에서 우리 '일반인'들이 할 수 있는 일은 우선 교육정책의 변화를 발 빠르게 파악해 잘 적응해가는 일이다. 그리고 나아가 교육정책에 대해 나름대로의 안목을 가지고 비판적인 목소리를 낼 수 있는 '각성된 시민'이 된다면 우리의 교육은 많은 시행착오를 거쳐 점차 제자리를 잡아갈 것이라 생각한다. 그렇게 하기 위해 몇 가지 당부의 글을 적고자 한다. '개천에서 용나게 하는 7가지 방법'이라고 근사한 제목을 달기는 했지만, 사실 말 그대로 '기본 중의 기본'이다. 그러나 '기본'이 외면당하는 시대에 오히려 '기본의 힘'이 가진 저력을 새삼 깨닫게 될 것이다.

1
매일 20분만 교육 관련 뉴스를 검색하자

앞에서 자세히 살펴봤지만 교육정책, 입시정책은 수시로 바뀐다. 내가 글을 쓰고 있는 조금 전에도 교육과정평가원장이 한 신문사와의 인터뷰에서 2012년부터 수능을 쉽게 내겠다고 말했다. 대학입시에서 수능의 비중을 줄이고 내신이나 논술, 면접 등을 통한 입학사정관, 수시모집 등의 비중을 늘리겠다는 것이다. 그리고 영어 듣기를 강화하고 EBS 교재의 수도 줄이고, EBS 강의에서 문제풀이보다는 기본 개념에 대한 설명을 강화하겠다는 말도 덧붙였다. 앞으로 상위권 대학의 경우 수능은 기본적인 전형자료로만 간주하고 면접과 논술 등의 방법으로 학생을 선발하도록 하고, 중하위권 대학은 수능을 통해 선발하도록 유도하겠다는 의미이다.

교육과정평가원장의 말을 신뢰한다면, 앞으로 학생들은 수능에 대한 준비는 기본적인 정도로 하고, 수시모집과 입학사정관제의 전형방법이 되는 논술과 면접 등에 전념해야 한다. 학생의 성적이 아주 우수하다면 논술과 면접에 대한 준비를 더욱 강화해야 할 것이고, 성적이 중간이나 그 이하라면 수능 중심으로 준비를 해야 한다. 하지만 초등학생이나 중학생이라면 수능에서의 중요 과목인 국어, 영어, 수학과 논술과 면접 어느 것 하나 소홀히 해서는 안 되는 상황이다.

하지만 교육과정평가원장의 이런 인터뷰가 과연 현실적으로 실현될 수 있을지 잘 모르겠다. 교육과 관련된 정책 담당자의 이런 말들이 장기적인 연구의 결과를 바탕으로 하지 않고 임기응변적으로 이루어지는 경우가 많기 때문이다.

2011년 수능만 하더라도 교과부와 교육과정평가원은 "예년 수준으로 내겠다"고 공언했고, EBS 교재에서 70퍼센트 출제하겠다면서 "EBS 교재만 풀어도 쉽게 풀 수 있다"는 식의 발표를 해왔다. 하지만 정작 수능이 어렵게 출제되어 특목고생들과 재수생들이 강세를 보였고 많은 재학생들은 고배를 마셔야 했다. 그래서 이 수능에 대해 이주호 장관도 "교과부도 철저히 대비하지 못한 측면이 있다"고까지 인정했다.

더구나 교육과정평가원장이 EBS를 좌지우지할 수 있는 입장도 아닌데 EBS 교재의 숫자나 강좌의 성격까지 언급한 것은 부적절한 처사였다. 이처럼 교육정책 담당자들이 교육정책에 대해 중요한 자리에서 언급을 하더라도 2011년 수능의 사례처럼 실제 정책과 괴리가 생기는 경우가 많다. 이런 교육정책에서의 혼란은 우리 학부모들에게 상당한 부담을 주고 있으며 교육현장을 혼란에 빠뜨릴 때가 많다.

올해 치러진 2012년도 수능에서도 정부는 당초 과목별 만점자가 1퍼센트가 되도록 쉽게 출제하겠다고 했지만, 언어영역의 경우 0.28퍼센트, 수리 '가'형은 0.31퍼센트에 그쳤고, 외국어영역은 2.67퍼센트로 오히려 두 배 넘게 나와 난이도 조절에 실패했다는 비판과 '물수능'으로 입시현장에 혼란을 주었다는 강한 비판에 직면해야 했다. 내년에는 또 어떻게 될지 알 수 없는 상황이다.

이렇게 혼란한 상황이 지속되고 있기에 우리는 교육정책의 방향에 대해 늘 헷갈리고 어렵다고 느낀다. 이런 상황은 마치 개인들이 주식에 투자하는 상황과도 비슷하다. 주가는 사상최고가를 경신하고 있는데 내가 가진 주식은 연일 하향곡선을 그리고 있다. 호재가 있어서 주식을 구입하면 내가 산 주식만 떨어지고, 더 떨어질 것이라고 생각해 팔고 나면 바로 상한가로 가는 경험을 한 적이 있을 것이다.

주식투자나 교육에 대한 정보에서도 우리가 '일희일비' 하는 태도를 가진다면 이런 일이 발생할 수 있다. 주식투자에서도 자녀교육에서도 단기적인 정보에 따라 이리저리 쫓겨 다닐 것이 아니라 큰 흐름을 보는 안목을 가져야 한다. 그리고 무엇보다 '기본'에 충실해야 한다. 교육에 대한 큰 흐름의 안목을 가지기 위해서는 우선 학생이 공부하게 될 환경에 대해 구체적인 관심을 가져야 한다. 학생이 공부할 큰 테두리를 형성하는 것이 교육정책인 것은 두말할 필요가 없다.

교육정책에 대한 정보를 얻기 위해서 학원이나 입시기관의 입시설명회를 찾는 것도 필요하지만 매일 틈을 내어 교육 관련 정보를 검색해보는 것이 좋다. 교육정책에 관한 책을 찾아 읽는 것도 필요한 일이지만, 일상적으로 교육에 관심을 갖고 조금씩 정보를 수집하고 그 의미를 생각하다 보면 어느새 교육에 대한 전체적인 안목을 가질 수 있게 될 것이다.

누구나 하루 중 어느 정도 시간은 인터넷 검색에 쓸 것이다. 우연히 교육 관련 정보가 나오면 관심을 가지고 읽거나 스크랩을 해 두면 도움이 된다. 네이버나 다음 등의 포털사이트에서 '교육', '수능', '수시모집', '논술', '정시모집', '대학입시', '교육정책', '특목고', '자사고', '자율고', '입학사정관' 등의 단어로 뉴스를 검색해보면 관심 있는 분야의 새로운 소식들을 쉽게 접할 수 있다.

교육에 대한 소식을 전문적으로 전해주는 인터넷 사이트를 이용해보는 것도 큰 도움이 된다. 일례로 조선일보에서는 '맛있는 교육'이라는 인터넷 사이트를 운영하고 있다. 이 사이트는 새로운 교육정책에 대한 소식과 안내, 공부방법, 학습자료실, 입시분석, 자기계발 등 다양한 교육정보를 제공해준다. 중앙일보도 '열려라 공부'라는 사이트를 운영하고 있는데, 이 사이트 역시 교육에 대한 다양한 정보를 제공한다. 한국대학교육협의회에서 운영하는 대학입학상담센터에는 대학입시에 대한 발표나 자료들이 수시로 올라오니 즐겨찾기에 등록해놓고 틈나는 대로 들어가 보면 많은 도움을 받을 수 있을 것이다.

생업이 바쁘다는 이유로 교육을 학원이나 전문가들에게만 맡겨 두어서는 안 된다. 교육정책이나 입시정책의 방향에 대해 우리들 자신이 어느 정도의 건전한 상식을 가지지 않는다면 순간순간 바뀌는 정책과 전문가들의 말에 따라 이리저리 휘둘리는 처지에 놓이게 될 것이기 때문이다. 그러지 않기 위해서 무슨 대단한 공부가 필요한 것이 아니다. 하루에 10분, 20분씩 짬을 내어 교육 관련 정보를 검색해보고 그 의미를 생각해본다면 우리도 어느새 교육에 대해 '각성된 시민'이 되어 있을 것이다.

지금 우리 사회는 교육에 대해 자기 목소리를 내고 교육 전문가들을 견제하는 '각성된 시민'이 그 어느 때보다 절실하게 필요하다. 우리 모두 교육에 있어서 '각성된 시민'이 될 수 있기를 바란다.

2
기초가 튼튼하면 결국엔 성공한다

교육정책은 수시로 변한다. 언제는 수능이 중요하다고 했다가, 또 어느 틈엔가 수시모집이 중요하다고 한다. 입학사정관이라는 제도가 새롭게 등장하는가 하면 어려운 수능으로 재수생이 강세를 보이기도 한다. 쉬운 수능으로 변별력이 없어져 논술이 변수가 되는가 하면, 내신이 중요하다고 해서 열심히 공부했더니 대학에서 내신의 실질반영률을 떨어뜨려 의미가 없어져버리기도 한다.

사실 변화무쌍한 교육정책 탓에 이런 일은 종종 벌어진다. 그래서 우리 학부모들은 어느 장단에 춤을 취야 할지 모른다. 이 말을 들으면 이 말이 맞는 것 같고 저 말을 들으면 저 말이 맞는 것 같다. 학교에서는 변화된 제도에 대해 적극적인 대처를 해주지 않기 때문에 학부모들은 어쩔 수 없이 또 사교육을 찾게 되고 이리저리 휘둘리게 된다.

따라서 변화무쌍한 제도에 휘둘리지 않으려면 뿌리가 튼튼한 나무가 되어야 한다. '기본'을 충실히 쌓아놓아야 하는 것이다. 기초 체력이 튼튼하고 순발력이 있다면 어떤 운동이든 기본적으로 다 잘할 수 있듯이 공부를 잘할 수 있는 기본 능력을 갖추고 있다면 입시제도에 어떤 변화가 있더라도 헤쳐나갈 수 있다.

내 경우를 이야기해보면 가정교육이 매우 중요한 역할을 했던 것 같다. 내 어머니는 그렇게 많이 배우신 분은 아니셨다. 하지만 신앙에서 우러나오는 깊은 삶의 진리를 체득하신 분이라고 생각한다. 나는 어릴 때부터 어머니에게 인생의 중요한 교훈을 들으며 자랐다. '항상 남을 나보다 낫게 여겨라', '순종하는 것이 죽고 나서 제사를 지내는 것보다 더 낫다', '해가 질 때까지 분을 품고 있지 말라', '자기의 일은 스스로 하라' 등의 말들은 직접적인 공부의 내용은 아니지만 내 삶의 지침이 되었고 결국 공부를 열심히 하는 동기가 되었다.

내 어머니는 나에게 공부를 직접 가르쳐주지도 않으셨고 나를 영어와 수학 학원으로 내몰지도 않으셨지만 내 삶이 중심을 잡도록 해주셨다. 우리 부모들도 혼란한 입시정책과 교육정책에 맞서 싸우기에 앞서 이런 점에 초점을 두는 것이 필요하다.

이렇게 하기 위해서는 교육을 하는 선생이나 부모가 장기적인 안목을 가져야 한다. 눈앞에 보이는 학생의 성적이나 변화되는 교육정책에 일희일비하다 보면 감정만 상하고 힘만 드는 경우가 많다. 더 길고 넓게 보는 교육이 필요하다.

대학에서 수시모집이 증가해 논술과 내신으로 선발하는 비중이 높아지자 학생들은 너도나도 논술학원에 다니며 수시모집에 모든 힘을 다 바쳤다. 그러자 대학의 경쟁률이 수십 대 일에서 수백 대 일에 육박하는 일이 벌어졌다. 2010년 어느 대학은 264대 1이라는 놀라운 경쟁률을 기록한 곳도 있었다. 그 정도는 아니더라도 대부분 명문대들의 수시모집 경쟁률은 수십 대 일이 넘는다. 이런 상황에서 논술에만 매진했다가 수시에서 실패하는 경우 수능이 중요한 정시에서도 실패하는 경우가 벌어진다.

수시모집과 논술이 중요하다고 하더라도 학교공부를 충실히 하며 국어와 영어, 수학 등의 과목을 열심히 해둔 학생이라면 비록 수시에서 실패했다 하더라도 정시에서 기회를 살릴 수 있었을 것이다. 장기적이고 넓은 안목을 가지고 자녀의 기초를 튼튼히 하려고 노력했더라면 이런 실패는 막을 수 있었을 것이다.

학생의 장기적이고 기초적인 바탕을 튼튼히 하는 일은 단지 성적 향상을 위해서만이 아니라 좋은 삶을 위해 필수적으로 필요한 일이다. 2008년 우리나라 특정 도(道)에서는 자퇴한 학생이 중학생 1,155명 고등학생 3,172명에 이른다고 한다. 자퇴를 선택한 데에는 다양한 이유들이 있겠지만 대부분은 학교생활에 적응하지 못하고 그 의미를 찾지 못해서이다. 부모가 좀 더 넓은 시각을 가지고 자녀의 균형 잡힌 성장을 유도했더라면 이런 일은 일어나지 않았을 것이다.

사람들과 좋은 관계를 맺고 합리적인 의사소통을 하고 자신의 일은 스스로 알아서 하는 아이로 키우는 것이 공부에도 직접적인 도움을 준다. 이런 능력이 바로 공부를 잘할 수 있고 나아가 인생에서 성공할 수 있는 기초체력이다. 우리 부모들은 그런 기초체력을 길러주기 위해 무엇을 해야 할지 잘 생각해야 한다.

3
모든 교육은 독서에서 시작된다

대학에 진학하는 길은 크게 수시와 정시모집으로 나누어볼 수 있으며 요즘 들어 중요하게 부각되고 있는 입학사정관제에 의한 전형은 수시에 포함된다. 내신 성적은 기본적으로 거의 모든 전형에 포함된다고 생각하는 것이 좋다. 물론 내신이 포함되지 않는 수시와 정시모집 전형도 존재한다. 하지만 이런 경우 수능에서 상당한 고득점을 올리거나 논술이 상당한 경지에 이르러 있는 학생들이 지원하므로 그런 학생이 아니라면 인연이 없다고 생각하는 편이 안전하다.

이렇듯 내신에 수능, 논술, 면접까지 챙겨야 하는 상황이고 보니 학부모와 학생들은 도대체 어디부터 어떻게 손을 대야 할지 막막한 것이 현실이다.

우선 내신을 착실히 준비해야 한다. 내신은 범위가 정해져 있으므로 무엇을 준비해야 할지 모두 잘 알고 있다. 그리고 정시의 수능을 준비하기 위해서는 국영수 등 중요 과목 위주로 평소에 공부를 해두는 것이 필요하다.

논술과 면접을 위해서 각 대학의 기출문제를 잘 분석해 알맞은 준비를 해야겠지만, 사실상 학생이나 학부모 개개인이 그런 준비를 하는 것은 힘들기 때문에 이 경우 대부분 전문 학원을 찾을 것이다.

이런 모든 준비에 가장 기초적이며 또 가장 중요한 것이 바로 독서 능력이다. 인생을 살아가는 데 독서의 중요성은 새삼 말할 필요도 없을 것이다. 다만 이 자리에서는 대학입시와 관련해서 독서의 중요성을 이야기하고자 한다. 입학사정관과 수시모집에서 점수를 좌우하는 것은 논술과 면접이다. 그런데 이 논술과 면접 실력이 하루아침에 생기는 것이 아니다. 오랜 시간 꾸준한 독서를 통해 다양한 지식과 광범위한 문화를 학습해야만 실력을 발휘할 수 있는 것이다.

많은 대학들이 논술을 출제할 때 고전의 지문을 활용하고 있고 심지어 이과의 경우에도 과학사와 연관해 수리논술 문제를 출제하기도 한다. 따라서 철학이나 과학, 인문, 사회의 다양한 고전들을 통해 핵심 쟁점이 무엇인지 파악하고 있는 경우에는 유리한 입장에서 논술에 접근할 수 있다. 면접의 경우에도 어떤 책을 읽었는지, 전공과 연관된 분야에 대한 어느 정도의 상식을 가지고 있는지를 평가하는 것이 가장 기본적인 사항이다.

논술과 면접뿐 아니라 독서능력을 함양하는 것은 정시의 수능을 위해서도 필수적이다. 수능 국어에서 가장 많이 나오는 문제는 비문학 독해 문제이다. 비문학 독해 문제는 인문, 사회, 과학, 예술 등의 다양한 지문을 제시하고 그것을 해석해야 답을 찾을 수 있는 문제이다. 이런 유형의 문제를 잘 풀기 위해서는 긴 지문을 빠른 속도로 읽고 그 대의와 주제를 파악할 수 있는 독서능력이 갖춰져 있어야 한다.

인문계의 경우 사회탐구도 단답형 문제보다는 긴 문장이 제시되는 경우가 많고 문장을 제대로 해석하고 이해해야 답을 찾을 수 있는 문제가 대부분이다. 영어에서도 전체적인 내용을 요약하거나, 주제를 찾거나, 순서를 바로잡거나, 지칭하는 사람이 다른 경우를 찾거나 하는 등의 문제가 등장한다. 이런 문제들은 문장에 대한 정확한 해석뿐 아니라 전체적인 맥락과 주제를 파악할 수 있어야만 풀 수 있다. 어떤 학생은 해석을 정확히 해놓고도 답을 틀리는 경우도 있다. 이런 경우는 영어가 아니라 독서능력이 문제가 되어서 벌어지는 일이다.

논술과 면접, 수능을 위해서뿐만 아니라 평소에 책을 읽는 습관을 들이는 것은 자녀의 교육을 위해 필수적인 일이다. 고요히 마음을 가라앉히고 자세를 바로잡아 책을 읽는 것은 그 자체가 공부하는 자세를 몸에 익히도록 해주는 일이다. 이런 습관은 어릴 때부터 길러주는 것이 좋다.

내 아내가 자녀교육에 열성을 보일 때마다 나는 주로 말리는 입장이지만, 잠자기 전 한 시간가량 딸과 아들을 옆에 앉혀두고 책을 읽어주는 것은 정말 감사한 일이어서 항상 칭찬한다. 내 딸과 아들은 어릴 적부터 책을 가까이 했고 엄마가 또박또박 책을 읽어주는 것을 그 어떤 것보다 좋아한다. 내 딸과 아들이 나에게 새로운 사실을 이야기해줄 때마다 나는 어디에서 배웠냐고 묻는다. 그러면 "책에 나와 있어요, 아빠"라고 말한다. 나는 그럴 때마다 기쁜 얼굴로 칭찬을 해준다.

내 제자 중 은수란 친구는 음악을 전공했는데도 늘 국어에서 거의 만점을 받았다. 어떻게 그렇게 잘하느냐고 물어보니 어릴 때부터 책을 많이 읽어서 그렇다고 했다. 은수는 국어만 잘할 뿐 아니라 공부하는 태도가 매우 안정되어 있어서 좋은 대학에 진학했다. 나는 그 힘이 어릴 적부터 해온 독서에서 나오는 것이라 믿고 있다.

마이크로소프트사의 회장 빌 게이츠는 어릴 적부터 독서광이었다고 한다. 그의 부모는 주중에는 텔레비전을 보지 못하게 했고 주말에만 보게 했다고 한다. 빌 게이츠는 심지어 백과사전을 다 읽기도 했다. 그는 지금의 자신을 만들어준 것은 마을의 도서관이라고 말한 적도 있다. 지금도 그는 '생각 주간'을 정해 조용한 곳에 가서 책을 읽고는 한다.

우리 자녀에게 열심히 책을 읽는 습관을 길러주자. 하루에 30분이라도 책을 읽게 하고 우리는 옆에서 신문을 보거나 가계부를 적자. 우리 자녀가 빌 게이츠같이 위대한 인물이 되지 말라는 법도 없지 않은가?

4
표현하지 않으면
존재하지 않는다

내 제자 중에 첼로를 전공했는데 무대공포증이 있어서 결국 음악을 포기한 학생이 있다. 연습 때에는 너무 잘해서 서울대 음대에 진학할 수도 있다는 평가를 받았는데 실전에만 들어가면 손을 떨어서 시험을 제대로 못 보는 것이었다. 그 친구는 결국 자신의 결점을 극복하지 못해 음악을 포기했고 일반 대학에 진학하게 되었다.

이런 극단적인 경우가 아니더라도 자기를 표현하는 연습을 제대로 하지 못해 입시에서 좋은 성적을 거두지 못하는 경우를 많이 보게 된다. 면접에서 자기가 가진 잠재력을 충분히 발휘하지 못하는 경우도 있고, 심지어 논술이나 수능에서도 마찬가지의 일이 벌어질 때도 있다.

요즘 학생들은 우리 부모들 세대보다 자기주장이 강하기 때문에 자신을 잘 표현할 수 있을 거라고 흔히들 생각한다. 그런데 이상하게 그렇지 않은 경우가 많다. 자기의 고집을 강하게 주장하는 학생들은 많아졌지만 논리적으로 자신의 생각을 잘 정리하여 남을 설득하는 능력은 오히려 예전보다 더 부족해진 것이 아닌가 하는 생각이 든다.

나는 그 이유에 대해 곰곰이 생각해보았다. 첫째로는 가정에서 자녀가 한두 명밖에 없다 보니 응석을 다 받아주고 하고 싶은 대로 다 하게 내버려두어서 그런 경향이 생기는 것 같다. 그리고 둘째로는 우리의 교육현장에서 '말'이 사라지고 있기 때문이 아닌가 싶다. 이상하게도 학교 현장에서 '말' 또는 '음성'이 점점 사라지고 있다. 예전에는 그렇게 많이 하던 '웅변대회'를 요즘은 거의 찾아볼 수 없다. 대중 연설의 방식이 많이 달라졌고 인터넷을 통한 의사소통이 주를 이루다 보니 전통적인 웅변의 중요성이 점차 줄어들었기 때문일 것이다.

우리가 학교 다닐 때는 일주일에 한 번씩 했던 학급회의도 점점 사라지고 있다. 학생들에게 물어보면 아예 학급회의를 하지 않는 학교도 있고 형식적으로만 하는 학교도 있다. 요즘에는 한 달에 한 번 정도 학급회의를 하면 많이 하는 축에 속한다. 물론 어린 학생들에게 학급회의가 큰 의미가 없을 수도 있고, 자칫 학교와 선생님에 대한 불만을 토로하는 성토장이 될 수도 있다. 하지만 어릴 때부터 '토론'과 '토의' 문화를 접하는 것과 그렇지 않은 것의 차이는 상당히 클 것이다.

또한 '암송'도 사라지고 있다. 지금 학부모들이 학교에 다니던 시절에는 암기와 암송을 참 많이 했다. '국민교육헌장'을 비롯해서 국어 교과서에 나오는 시도 다 외웠고, 영어 명문장, 인칭대명사 표, 독일어 격변화 등도 암기와 암송으로 익혔다. 그런데 요즘은 이런 식의 공부를 하지 않는다. 학생들에게 영어 명문장을 소개하고 암기시키면 이상하게 생각한다. 유명한 문장들이 단골로 시험에 나오는 일이 없어서이기도 하지만 이런 암송이나 암기 자체를 낯설어하기 때문이다. 입 밖으로 소리 내어 말하면서, 애창곡을 부를 때처럼 자연스럽게 외우는 공부의 효율성이 점차 사라지고 있는 것이다.

또한 요즘 학생들이 책은 많이 읽지만 읽은 내용을 설명해보라고 하면 제대로 말하는 경우가 드물다. 그 내용을 글로 적어보라고 하면 더더욱 힘들어한다. 인터넷이나 다른 방면으로는 자기표현을 잘하지만 정돈된 말이나 글로 표현하는 것은 오히려 점점 부족해지는 것 같다.

책을 읽으면 읽은 것에서 끝나지 말고 요약해서 설명해보거나 글로 써보는 연습을 해야 한다. 그 일환으로 일기를 꾸준히 쓰는 것이 정말 중요하다. 또한 부모님에게 용돈을 달라고 하거나 무언가 필요한 것이 있을 때 논리적으로 설득하는 연습을 시킬 수도 있다. 책을 읽을 때도 눈으로만 읽지 말고 일정 시간 동안 소리 내어 읽도록 해보자. 엄마 아빠에게 필요한 물건을 사달라는 짧은 쪽지를 쓰는 것도 도움이 된다.

굳이 '자기 PR 세대'라는 말을 쓰지 않더라도 표현하는 능력이 점점 더 중요해짐은 더 이상 강조할 필요가 없을 것이다. 머릿속으로는 많은 것을 알고 있는데 그것을 잘 표현하지 못해서 면접에서 논술에서 또 시험에서 좋은 성적을 거두지 못한다면 얼마나 안타까운 일이겠는가?

5
중요 과목은 대들보이다

재수생들은 보통 2월에 개강을 한다. 2월에서 11월까지 짧은 기간에 성적을 올리기 위해서는 힘든 시간들을 보내야 한다. 수능을 준비하기 위해 국어, 영어, 수학, 사회, 과학 과목들을 다 공부해야 하는데 학기 초에는 영어와 수학을 집중적으로 공부시킨다. 보통 5월 정도까지 영어와 수학의 기본을 다 정리하면 꽤 여유가 생기기 때문이다.

실제 대학입시에서 가장 많은 비중을 차지하는 과목이 영어와 수학이고, 시험을 준비하는 시간도 영어와 수학이 가장 많이 드므로 결국은 영어와 수학 등 중요 과목에서 승부가 결정된다고 할 수 있다. 더구나 새롭게 개편되는 2014년 수능에서는 사회탐구와 과학탐구에서 2과목만 선택할 수 있게 되므로 국어와 영어 수학의 비중이 그만큼 커지게 된다.

수능을 통하지 않고 수시로 대학에 진학하더라도 영어와 수학은 평소 열심히 준비해야 한다. 학교 시험에서도 영어와 수학을 제대로 끝내지 못해 다른 과목을 공부하지 못하는 경우가 많다. 영어와 수학을 평소 꾸준히 공부해놓아야 시험 기간에 다른 과목을 공부할 여유가 생긴다.

수시모집에 응시하기 위해 논술을 열심히 준비하다가 수능에서 영어, 수학 점수를 잘 받지 못해서 대입에 실패하는 경우가 많다. 따라서 영어와 수학을 제대로 해놓지 않고 논술에만 전념하는 것은 매우 위험부담이 크다는 것을 알아야 한다.

물론 나는 누구보다 다양한 과목을 공부하게 해서 전인적 인간을 양성하는 것이 교육의 중요한 목표라고 생각하는 사람이다. 그러나 다른 과목을 열심히 공부하기 위해서도 영어와 수학에 자신감을 갖는 것이 중요하다. 영어와 수학에서 확실히 기초를 다진다면 다른 과목에 시간을 할애할 여유도 생기고, 독서도 충분히 할 수 있다.

수시나 입학사정관제도에는 내신이 거의 포함된다. 고등학교에 진학하게 되면 학과목별로 이수 단위가 다르고 시험도 단위수가 높은 과목의 점수가 평가에 높게 산정된다. 그러므로 단위수가 높은 중요 과목에서 좋은 점수를 받는 것이 중요하다. 그런데 그런 시험은 등한시하고 논술에만 전념한다든지, 입학사정관을 위해 스펙 쌓기에만 몰두한다든지, 면접 준비에만 전념하는 것은 바람직한 일이 아니다. 재수를 하러 오는 재학생들 중 상당수는 수시모집을 위해 논술과 면접에만 전념하다 대입에 실패한 경우이다. 중요 과목에서 실력을 쌓아 좋은 성적을 얻고 있을 때 수시의 면접이나 논술을 준비하는 것이 올바른 순서이다.

학교는 학생들이 가장 많은 시간을 보내는 곳이다. 이 학교에서 자신감 있게 생활하기 위해서는 가장 많은 시간 수업을 하는 중요 과목에 대한 자신감을 갖고 있어야 한다. 다른 과목은 수업을 열심히 듣고 복습을 하는 것만으로도 충분하다면, 영어와 수학은 반드시 예습을 하고 모르는 부분을 체크하여 적극적으로 수업에 임할 수 있도록 해야 한다.

중고등학생의 영어 공부에서 가장 중요한 교재는 교과서이고 그 교과서를 해설한 자습서이다. 영어 자습서만 열심히 반복해서 공부하면 원하는 만큼 실력을 올릴 수 있다. 수학의 경우에도 반드시 학교의 진도를 따라가면서 기본서를 공부하도록 해야 한다. 지나친 선행학습은 오히려 해가 될 수 있다.

학교에서는 1단원을 배우는데 학원에서는 3단원을 배우고 있다면 문제가 될 수 있다. 우리 아이들이 기억력이 좋아 예전에 배운 단원을 여전히 기억하고 있을 것이라 생각한다면 큰 오산이다. 학교의 진도에 맞게 기본서를 가지고 학교 교재보다는 좀 더 어려운 내용으로 심화학습을 해야 한다. 그리고 학교에서 배우고 있는 교과서와 기타 교재들을 우선적으로 풀어야 한다. 학원에서 해당 부분을 열심히 공부했더라도 학교에서 내준 프린트를 제대로 정리하지 못해서 시험을 망치는 경우도 많다.

저학년 때는 다양한 과목을 통해 전반적인 교육을 하고, 공부할 내용이 많아지는 고학년부터는 중요 과목을 우선적으로 챙기는 전략이 필요하다. 결국에는 영어와 수학이 발목을 잡아 대입에 실패하는 경우가 많기 때문이다.

6
공부는 학생이 해야만 하는 중요한 일이다

내 친구 중에 젊은 나이에 성공해서 돈을 많이 번 사람이 있다. 한번은 그 친구가 아들을 데리고 와서 성적 상담을 받은 적이 있다. 그런데 그 친구는 상담 도중에 공부를 잘 못하더라도 아빠의 경제력이 있으니 너무 걱정하지 말라는 식의 말을 했다. 나는 나중에 그 친구에게 그런 식으로 말하는 것은 좋지 않다고 말해주었다. 공부를 못해도 미래에 큰 걱정이 없다는 식으로 말하면서 동시에 공부를 잘해야 한다며 학원에 보내는 것은 모순이다.

　부모가 경제력이 있더라도 사회에서 좋은 삶을 살아가기 위해서는 반드시 공부를 해야 한다. 물론 학교에서 배우는 내용들이 현실과 동떨어진 것이 많기 때문에 실제 삶에는 별로 도움이 되지 않는다고 판단할 수도 있다. 실제로 그렇지는 않지만, 설사 그렇다 하더라도 대다수의 학생들이 공부하는 내용을 함께 배우는 것은 동시대를 더불어 살아가기 위해서 꼭 필요한 일이다. 학교에서의 공부는 성숙한 삶을 살아가기 위한 출발점이다. 이 출발점을 다른 친구들과 공유하지 못한다면 어떻게 되겠는가?

　그래서 나는 내 친구에게 공부란 정말 중요한 것이며 아빠가 열심히 일하듯이 자녀가 해야 할 중요한 일은 공부임을 알려주라고 말했다. 내 친구는 자기가 그 점을 제대로 깨닫지 못해 실수한 것 같다며 집에 돌아가 꼭 그렇게 말하겠다고 다짐했다.

　단지 좋은 성적을 받기 위해서 공부를 하는 것이 아니라 좋은 삶을 살아가기 위해 꼭 알아야 할 내용들로 공부가 구성되어 있으며, 공부하는 과정 자체가 좋은 삶을 살아가기 위한 방법을 배우는 것임을 자녀가 분명히 깨닫고 성실하게 공부할 수 있도록 이끌어야 한다. 따라서 자녀가 알아야 하고 해야 할 여러 내용들에 공부를 포함시키는 화법을 사용해야 한다.

　"공부가 다가 아니고 동생과 친하게 지내야 한다"는 말보다는 "동생과 친하게 지내는 것을 배워야 한다"고 말하는 것이 좋다. "가만히 앉아서 공부만 하지 말고 양로원에 가서 봉사활동을 해보라"라고 말하지 말고 "양로원에 가서 실제로 봉사활동을 하는 공부를 해야 한다"라고 말하는 것이 좋다.

　우리 교육의 문제점 중 하나는 '도덕교육'과 '지식교육'을 지나칠 만큼 엄격하게 구분하고 있다는 점이다. 도덕적인 행위는 인간과 사회에 대한 정확한 지식 없이 이루어질 수 없다. 어떤 사람에 대해 잘 알지 못하면 그 사람에게 좋은 일을 해줄 수 없다. 우리 사회의 여러 모습에 대해 잘 알지 못하면 좋은 행위를 하기란 어렵다. 그러므로 도덕과 무관하게 느껴지는 단순한 지식을 공부하게 하는 것은 진정한 도덕을 위해 기초를 다지는 것이다.

　도덕과 아무런 연관이 없는 수학을 열심히 공부하더라도 그것은 도덕적인 삶과 결국은 연관을 갖는다. 수학을 공부하는 과정에서 개념을 정확히 알려고 노력하다 보면 정확한 인식능력이 길러진다. 주어진 자료를 종합하고 분석하는 판단력도 길러지고 인내심도 길러진다. 풀이과정을 하나하나 적어가다 보면 자신의 생각을 객관적으로 제시하는 표현능력이 증대된다. 이런 여러 능력들은 도덕적으로 좋은 삶을 살기 위해 필수적으로 갖추어야 할 덕목들이다.

　공부 외에 추가적으로 더 갖추어야 할 다른 덕목이 존재하는 것이 아니라 모든 것의 씨앗은 공부 속에 있다는 태도로 교육에 임해야 한다. 모든 사람들이 자신의 일을 소중히 여기며 살아가듯이 학생도 자신의 일인 공부를 소중히 여겨야 한다는 태도를 심어준다면 자녀의 미래는 분명히 달라질 것이다.

7
잔소리만 하지 말고
구체적으로 점검하자

공부가 학생이 해야만 하는 중요한 임무라면 우리는 지도하는 학생의 현재 상태를 정확히 알고 있어야 한다. 학생을 소중히 여긴다면서 학생의 건강 상태를 제대로 점검하지 않는다면 그것은 말이 되지 않는 일이다. 특히 학부모들이 자녀의 학업은 염려하면서 지금 자녀가 어느 정도의 실력을 가지고 있는지 구체적인 점검은 하지 못하는 경우가 많다. 생업에 너무 바쁘다 보니 그렇기도 하고 공부하는 내용을 잘 알지 못해서 그렇기도 하다.

며칠 전 아는 선배가 분노에 찬 목소리로 나에게 전화를 걸어왔다. 이사를 가게 되어 전학 문제로 학교에서 딸의 성적표를 떼어봤더니 거의 모든 과목이 '가'라는 것이었다. 그 선배는 자기 딸이 중학교를 졸업할 때까지 성적도 제대로 모르고 있었던 것이다.

어떻게 이런 성적이 나올 수 있냐고 화를 내는 선배에게 나는 그 딸이 다니는 학교가 성적이 우수한 학교라 시험에 따라서 한두 문제로 수백 등씩 떨어지는 일이 비일비재하다고 설명했다. 그리고 고등학교에 들어가서 잘 관리하면 된다고 위로해주었다. 이런 일은 자주 있는 일이다. 심지어 고3이 되어서야 자녀가 갈 수 있는 대학의 수준을 알게 되는 경우도 흔하다.

학생을 지도하는 교사나 학부모뿐 아니라 학생 당사자도 자신의 실력을 제대로 모르고 있을 때가 많다. 사교육비가 증가할 것을 우려해 학교에서 모의고사를 지속적으로 보지 않기 때문에 학생 스스로도 자신의 실력에 대해 둔감하고 주어진 범위를 점검하는 내신만으로 스스로의 성적을 가늠하고 있는 경우가 많은 것이다. 자신의 위치를 정확히 모르고 있다면 대책을 마련하는 것은 사실상 불가능하다.

공부가 중요하고 학생들이 꼭 해야만 하는 일이라는 점에 동의한다면 자녀의 학업 수준에 대해 지속적으로 점검하는 일이 필요하다.

나는 친구들에게 한 달에 한 번이라도 자녀가 공부하는 부분을 체크하라고 말한다. 그 방법은 간단하다. 자녀가 갖고 있지 않은 기본서를 한 권 구입해서 자녀가 지금 공부한 부분을 풀어보게 하고 함께 채점을 하는 것이다. 영어나 수학을 잘 모르더라도 이 정도는 누구나 충분히 할 수 있다.

처음 이 과정을 겪으면 많은 학부모들이 상당히 놀라게 된다. 생각했던 것보다 틀린 문제가 훨씬 많기 때문이다. 채점을 하고 나서는 반드시 그 문제의 풀이과정을 다섯 번 정도 적게 하고, 선생님이나 친구들에게 물어봐서 알아오라고 해야 한다. 이런 과정을 몇 번 겪으면 자녀가 엄마 아빠가 가지고 있는 책을 미리 공부하게 될 것이다. 그것만으로도 아주 좋은 일이다.

한 달에 한 번씩이라도 이런 식의 점검을 해보면 자녀는 자신의 공부에 대해 부모가 구체적인 관심을 갖고 점검을 한다는 것을 알게 되고, 그 점검에 대비하기 위해 더욱 노력할 것이다.

무엇보다 우리는 자녀의 실력에 대해 정확히 알고 있어야 한다. 높은 기대로 인해 자녀의 실력을 과장해서 알고 있거나, 자녀의 낮은 실력에 애써 눈을 감으려 해서는 안 된다. 잘하면 잘하는 대로 못하면 못하는 대로 자녀의 현 상태를 정확히 알고 있어야 한다. 허상 속에 빠져 있다면 자녀를 올바른 길로 인도할 수 없다.

공부에 흥미가 없고, 공부를 해야 할 이유를 찾지 못하는 자녀를 고3이 될 때까지 이리저리 사교육으로 내모는 것도 좋은 일이 아니다. 공부를 잘할 수 있는 자녀를 그대로 방치해두는 것도 물론 좋지 않다. 성실하게 공부해서 우리 사회에서 중요한 일을 하는 사람으로 성장시키는 일은 지금 자녀의 건강 상태, 공부 상태에 대한 점검에서부터 출발해야 한다.

재수생 학원에서 상담을 하다 보면 학부모들이 공통적으로 하는 이야기가 있다. "우리 애가 원래 공부를 잘했는데 친구를 잘못 사귀어서 시험을 망쳤어요"와 "얘가 원래 1등급 나왔는데 수능을 망쳐서 3등급 나왔어요"이다. 1등급에서 3등급으로 갑자기 떨어졌다면 10만여 등 이상 성적이 떨어졌다는 이야기이다. 어떻게 학생의 실력이 갑자기 그렇게 떨어질 수 있을까? 그건 자녀의 실력을 정확히 파악하지 못하고 어쩌다 잘 나온 성적만을 진짜 실력이라고 믿고 싶은 부모의 마음일 뿐이다.

우리는 이제 이런 허상에서 벗어나야 한다. 가슴이 아프지만 우리 자녀가 공부에 전혀 뜻이 없고, 여러 방법을 동원해봤지만 더 이상 방법이 없다면 다른 좋은 길을 찾아주어야 한다. 우리 주변에는 공부와는 인연이 없지만 인생에서 성공한 많은 사람들이 있다. 부모의 욕심으로 자녀의 또 다른 길을 막아버리는 것도 잘못이다.

반대로 조금만 정확하게 실력을 평가해 현재의 모습을 제대로 알려주었더라면 더 많은 노력을 해 성과를 올릴 수 있는 친구들도 있다. 그런 친구들이 작은 노력이 부족해 더 높은 단계에 오르지 못하는 것도 참으로 안타까운 일이다. 이제는 더 이상 이런 실수를 반복하지 말아야 한다. 공부하려고 책을 펴드는 아이에게 "공부 좀 해라"는 김새는 잔소리만 하지 말고, 구체적이고 현실적으로 단계 단계 짚어나가 주어야 한다.

이제 긴 이야기를 마무리해야 할 때가 되었다. 복잡하고 혼란스러운 교육정책, 입시제도 속에서 숱한 시행착오를 겪고 있지만 우리는 그래도 '교육을 통한 상승에의 열망'을 버리지 말아야 한다. 매일 학교에서 학원으로, 독서실로 힘겨운 싸움을 하고 있는 우리 학생들을 제대로 돕기 위해서는 교육에 대한 구체적인 관심의 끈을 놓지 말아야 한다.

우리가 원하는 대로 그들을 '만들' 수는 없지만 그들의 성장을 '도울' 수는 있다. 지나친 관심으로 억압하고 왜곡해서도 안 되겠지만 무관심으로 방치해서도 안 된다. 그들은 자신이 가진 잠재력을 바탕으로 잘 성장해가겠지만 볕이 잘 드는 자리를 찾아주고, 가뭄이면 물을 끌어다주고, 거름을 주고 가지를 치는 것은 우리 어른들의 몫이라는 점을 항상 잊지 말도록 하자.

또한 교육에서만큼은 '애들 싸움이 어른 싸움이 되어' 부모의 경제력이 자녀의 실력으로 이어지는 일이 없도록 하자. 스스로 노력하는 만큼 상승의 사다리를 한 계단 한 계단씩 오를 수 있는 입시제도, 교육제도를 만드는 일이 건강한 사회를 위해 우리 모두가 관심을 기울여야 할 중요한 문제임을 이 책을 읽는 분들이 동의해주기를 간절히 소망해본다.

개천에서 용나는 일은 더 이상 없을지도 모른다. 부모의 재력과 자녀의 학력이 정비례 하는 세상은 한동안 지속될지 모른다. 단칸방 앉은뱅이책상에서 공부해도 열심히만 한다면 과외 선생 있는 부잣집 친구를 이길 수 있던 세상은 이제 꿈일지도 모른다. 하지만 꿈은 꾸라고 있는 것이다. 한 명이 느낀 문제의식이 열 명의 깨달음을 가져오고, 백 명의 목소리를 끌어내고, 천 명의 집단의지를 불러온다면, 이 책은 기꺼이 천 명의 의지를 위한 불쏘시개가 되고자 한다.

다시, 개천에서 용나게 하라

초판 1쇄 인쇄 2012년 1월 5일
초판 1쇄 발행 2012년 1월 12일

지은이 오치규 **펴낸이** 연준혁
기획 H₂기획연대_신미경

편집1팀
편집 최유연
제작 이재승

펴낸곳 (주)위즈덤하우스 **출판등록** 2000년 5월 23일 제13-1071호
주소 (410-380) 경기도 고양시 일산동구 장항동 846번지 센트럴프라자 6층
전화 (031)936-4000 **팩스** (031)903-3891
홈페이지 www.wisdomhouse.co.kr
종이 월드페이퍼 **인쇄·제본** 영신사

ⓒ 오치규

ISBN 978-89-91731-60-8 13590
값 13,000원

- 잘못된 책은 바꿔드립니다.
- 이 책의 전부 또는 일부 내용을 재사용하려면 사전에 저작권자와 (주)위즈덤하우스의 동의를 받아야 합니다.

국립중앙도서관 출판시도서목록(CIP)

다시, 개천에서 용나게 하라 / 오치규 지음. ─ 고양 : 예담프렌드,
2012
  p. ; cm

ISBN 978-89-91731-60-8 13590 : \13000

한국 교육[韓國敎育]
교육 개혁[敎育改革]

370.4-KDC5
370.2-DDC21   CIP2011005735